JN034325

新・教職課程演習　第20巻

中等理科教育

筑波大学人間系准教授　山本　容子
広島大学大学院准教授　松浦　拓也　編著

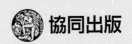

協同出版

刊行の趣旨

教育は未来を創造する子どもたちを育む重要な営みである。それゆえ，いつの時代においても高い資質・能力を備えた教師を養成することが要請される。本『新・教職課程演習』全22巻は，こうした要請に応えることを目的として，主として教職課程受講者のために編集された演習シリーズである。

本シリーズは，明治時代から我が国の教員養成の中核を担ってきた旧東京高等師範学校及び旧東京文理科大学の伝統を受け継ぐ筑波大学大学院人間総合科学研究科及び大学院教育研究科と，旧広島高等師範学校及び旧広島文理科大学の伝統を受け継ぐ広島大学大学院人間社会科学研究科（旧大学院教育学研究科）に所属する教員が連携して出版するものである。このような歴史と伝統を有し，教員養成に関する教育研究をリードする両大学の教員が連携協力して，我が国の教員養成の質向上を図るための教職課程の書籍を刊行するのは，歴史上初の試みである。

本シリーズは，基礎的科目9巻，教科教育法12巻，教育実習・教職実践演習1巻の全22巻で構成されている。各巻の執筆に当たっては，学部の教職課程受講者のレポート作成や学期末試験の参考になる内容，そして教職大学院や教育系大学院の受験準備に役立つ内容，及び大学で受講する授業と学校現場での指導とのギャップを架橋する内容を目指すこととした。そのため，両大学の監修者2名と副監修者4名が，各巻の編者として各大学から原則として1名ずつ依頼し，編者が各巻のテーマに最も適任の方に執筆を依頼した。そして，各巻で具体的な質問項目（Q）を設定し，それに対する解答（A）を与えるという演習形式で執筆していただいた。いずれの巻のどのQ&Aもわかりやすく読み応えのあるものとなっている。本演習書のスタイルは，旧『講座教職課程演習』（協同出版）を踏襲するものである。

本演習書の刊行は，顧問の野上智行先生（広島大学監事，元神戸大学長），アドバイザーの大髙泉先生（筑波大学名誉教授，常磐大学大学院人間科学研究科長）と高橋超先生（広島大学名誉教授，比治山学園理事），並びに副監修者の筑波大学人間系教授の浜田博文先生と井田仁康先生，広島大学名誉教授の深澤広明先生と広島大学大学院教授の棚橋健治先生のご理解とご支援による賜物である。また，協同出版株式会社の小貫輝雄社長には，この連携出版を強力に後押しし，辛抱強く見守っていただいた。厚くお礼申し上げたい。

2021年4月

監修者　筑波大学人間系教授　清水　美憲

広島大学大学院教授　小山　正孝

序文

　科学の著しい進歩と，それに伴う先端技術の高度化により急激に変化する現代社会においては，学校教育における理数教育の充実や創造性の涵養がますます重視されている。しかし，国内外の学力調査の結果によると，以前と比較して改善傾向にはあるものの，日本の生徒の理科学習に対する関心・意欲の低さなどの課題が残されており，引き続き理科教育の改善・充実を図っていくことが必要とされている。また，教育課程の基準を大綱的に定めるものである学習指導要領は，およそ10年に1度のサイクルで改訂され，社会の変化や将来の見通しに即して目標や内容などの見直しが図られている。平成29（2017）年3月に告示された小・中学校学習指導要領，平成30（2018）年3月に告示された高等学校学習指導要領においては，2030年の社会と子ども達の未来を見据えた改訂が意図されており，学校教育やその研究に携わる我々はこのような意図を汲み取るとともに，教科指導において具体化することが求められる。さらに今後は，新型コロナウイルス感染症（COVID-19）の蔓延により急速に進むICT領域の技術革新への対応や，国際的な展開を見せつつあるSTEM（Science, Technology, Engineering and Mathematics）教育等の教科等横断的な学習の推進につながる理科教育のあり方を模索することも求められている。

　本書『新・教職課程演習　第20巻　中等理科教育』は，主として中学校及び高等学校の教科「理科」に焦点化し，今般の学習指導要領改訂を踏まえながら，理科教育の基盤となる不易の内容・事項についても理解を深めることを目指している。このため，中等理科の現代の理論や世界的な動向にも広く目を配り，中等理科を理解するための重要な観点について，理論・実践の両側面から系統的に理解できる内容となっている。第1章では，理科の目的・目標について5つの問いを設け，歴史的背景なども踏まえながら論考している。第2章では，理科の内容構成について13の問いを設け，中学校及び高

1

等学校それぞれの領域ごとにその特長を整理している。第3章では，理科の指導法について18の問いを設け，これまでの理科教育の学術研究なども踏まえて整理している。第4章では，理科の評価法について6つの問いを設け，観点別学習状況の評価や具体的な評価方法について説明している。第5章では，今般の学習指導要領改訂に際して導入された枠組である「見方・考え方」について8つの問いを設け，理科における具体的な解釈について説明している。第6章では，理科の学習上の困難点について6つの問いを設け，領域ごとの誤概念や課題について説明している。第7章では，理科の教材研究の視点について7つの問いを設け，領域の特性や子供の視点に立った教材研究のポイントについて説明している。

　本書の読者の多くは，中学校・高等学校の理科教師を志す学生や大学院生であると思われる。新・教職課程演習では，シリーズ全体を通してQ＆A形式を取り入れており，具体的なトピックごとに理解を深めるとともに，中等理科の要点を系統的俯瞰的に学ぶことができる。紙幅の都合上，数は限られているものの，トピックごとに引用文献や参考URLについても具体的に掲載しているため，読者の皆さんには本書のみで学習を終えるのではなく，ぜひこれらの情報を参考にしながらさらに学びを深めて頂きたい。

　最後に，本書の執筆者は，中等理科教育界を先導する筑波大学あるいは広島大学に縁のある理科教育学の研究者，優れた理科教育の実践者である現職教師の方々を中心とした専門家，総勢40名で構成されている。ご多忙を極めるなか，玉稿をお寄せいただいた執筆者の方々に深く感謝申し上げたい。また，本書の作成にあたっては，協同出版株式会社小貫輝雄社長に大変お世話になった。記して感謝申し上げたい。

　2021年9月

　　　　　　　　　　　　　　　　　　編者　山本容子・松浦拓也

新・教職課程演習　第20巻
中等理科教育

目次

第3章　理科の指導法

第4章　理科の評価法

第1章

理科の目的・目標

Q1　理科教育の目的・目標論の動向について述べなさい

　「なぜ（何のために）理科を教え，学ぶのか？」こう問いかけられたとき，理科教師を志す学生諸氏はどのように答えるだろうか。むろん，唯一の正解があるわけではない。中には，学校で理科を教え学ぶことは当然であり，ことさら意識したことがない，改まって考えたことがない，という声もあるだろう。しかしながら，日々の理科授業場面を切り取ってみると，そこには理科を教える教師と理科を学ぶ生徒双方にとって，「教える」「学ぶ」という行為を価値付け，根拠付ける理科教育の目的・目標が確かに存在している。ここでは，そうした理科教育の目的・目標をめぐる諸相を取り上げながら，冒頭の問いについて考える手がかりを探ってみよう。

1．理科教育の目的・目標の性格

　理科教育の目的・目標を考えていくにあたり，はじめにそれらが有するいくつかの性格を押さえておきたい。主なものとして，「階層性」並びに「歴史性と社会性」（大髙，2012）について見てみよう。

　まず，階層性である。1時限の理科授業の中では，その時間内で教師と生徒が達成すべき目標が設定され，「本時の目標」や「めあて」のような形で学習指導案等に明記されることが常である。一方，この本時の目標の上位には，当該授業時間が位置付く単元の目標があり，各学年段階そして各学校段階（小・中・高）の目標があり，さらには理科という教科としての目標がある。つまり，個々の授業内容に即した具体的な目標から人間の能力・態度に関わるような教科全体の一般的抽象的な目標（「目的」と呼ばれることが多い）まで，理科教育の目標には様々な階層性が存在するのである。なお，本稿ではその峻別の難しさもあり「目的・目標」という表現を用いるが，論じるのはもっぱら理科という教科全体の目標（目的）であることに留意いただきたい。

　次に，歴史性と社会性である。理科教育という営為は，歴史的社会的な事象である。したがって，その目的・目標に関しても，時代や社会を問わず不変なものとはならない。例えば，空間軸を日本に固定して眺めたとき，明治期の理科教育の目的・目標と現代のそれとでは，やはり違いがあるし，時間軸を現代に固定して眺めても，日本をはじめ世界各国で謳われる理科（科学）教育の目的・目標が一様かといえば，必ずしもそうではない。理科教育が営まれる一方では時代によって，また他方では社会・集団・組織によって，理科教育の目的・目標は変化し得る，つまりは歴史と社会に規定される性格を有しているのである。

２．理科教育の目的・目標の類型と科学的リテラシー

（１）理科教育の目的・目標の類型

　理科教育においてこれまでに論じられてきた目的・目標の内実は多彩であるが，代表的なものがいくつかある。大髙（1995）は，それらを以下の５つの類型に整理している。

① 　実用的科学知識の伝達：日常生活や職業生活を営んだり，国家の産業を発展させるのに役立つ科学の知識の伝達に重点を置き，また技術に関する（機械・道具等の）知識・技能も伝達することを目指す。

② 　科学の専門的能力の育成：生徒自身を新しい知識を求める純粋科学の探究者として位置付け，科学の方法の理解・体得とその探究過程を導くような生きて働く基本的概念の理解・習得を目指す。

③ 　科学の鑑賞：美術や文芸に匹敵する文化の１つとして科学を捉え，それを「鑑賞する（appreciation）」ことを目指す。

④ 　狭義の科学論的理解：「物理学の方法とは，説明とは，理解とは，モデルとは…」のように，科学の認識論的側面についての理解を目指す。「狭義」とあるのは，次の⑤と対比して，科学の社会的政治的側面等が問題にされていないことによる。

⑤ 　広義の科学論的理解に基づく社会的能力の育成：社会の極めて多様な文脈から科学を理解し，それに基づいて科学・技術に関連した社会の現

実問題を解決するため，社会的能力の育成を直接的自覚的に目指す。

なお，実際の理科教育の目的・目標は，単一の類型だけから成り立っているわけではなく，重点の置き方に違いはありつつも複数の類型を要素として含みながら形づくられていることに留意する必要がある。

（2）現代理科（科学）教育の目的・目標の潮流としての科学的リテラシー

「科学的リテラシー（scientific literacy）」は，1950年代のアメリカに起源をもち，以降，現代の理科（科学）教育の目的・目標を表す概念として世界的に広く流布してきた。科学的リテラシーは，概して「科学的な事実，概念や法則といった自然科学の成果のみならず，自然科学という人間の営み全体にかかわる，現代人すべてに不可欠な素養」（鶴岡，1998）と捉えられる。ただし，この概念もまた歴史性と社会性を帯びているゆえ，時代やそれを使用する主体によって多義性があることに，併せて注意を払わねばならない。

ここでは，OECD-PISA調査における科学的リテラシーを例に，その中身を少し詳しく見てみよう。直近のPISA2018では，科学的リテラシーを「思慮深い市民として，科学的な考えをもち，科学に関連する諸問題に関与する能力」（国立教育政策研究所，2019）と定義している。さらに，「科学的リテラシーを身に付けた人は科学やテクノロジーに関する筋の通った議論に自ら進んで携わる」とし，それに必要な科学的能力（コンピテンシー）として「現象を科学的に説明する」「科学的探究を評価して計画する」「データと根拠を科学的に解釈する」，の3つを示している（国立教育政策研究所，2019）。

このように，科学的リテラシーという概念がカバーする範囲は幅広い。先述の通り，確かにその意味内容は必ずしも一様ではないけれども，理科（科学）教育を，科学の概念や法則，方法の理解・習得といった「科学そのもの（in science）」の教育だけではなく，科学の多面的理解や社会的能力の育成といった「科学について（about science）」の教育も含めたトータルなものと捉え，市民として求められる科学的リテラシーの育成を目指すという基本姿勢は，共通しているといってよい。

3．中学校及び高等学校理科の目標の構成要素とその特質

2017（平成29）年改訂の中学校学習指導要領では，理科の目標が次のように示されている。

> 　自然の事物・現象に関わり，理科の見方・考え方を働かせ，見通しをもって観察，実験を行うことなどを通して，自然の事物・現象を科学的に探究するために必要な資質・能力を次のとおり育成することを目指す。
> （1）自然の事物・現象についての理解を深め，科学的に探究するために必要な観察，実験などに関する基本的な技能を身に付けるようにする。
> （2）観察，実験などを行い，科学的に探究する力を養う。
> （3）自然の事物・現象に進んで関わり，科学的に探究しようとする態度を養う。

わずかな表現の違いこそあるが，高等学校理科の目標も内容的にはほとんど変わりはない。これらの目標は主に，「自然に対する関心・意欲の高揚，積極的な関わり」「科学的な探究力と態度の育成」「自然についての科学的な理解」「科学的自然観の醸成」といった要素から成っている。全体を通じていえば，科学そのものに関わる知識・能力・態度の習得や育成，すなわち科学の専門的能力の育成が中心を占めている。先の科学的リテラシーと比べるとその射程は狭く，世界的な潮流との一致を見取ることは難しい。なお，上述の構成要素は，基本的に小・中・高の目標に共通して見られるものであるが，例えば科学的探究を行ううえで求められるスキルは，小学校段階での問題解決に関わるスキルを基盤としながら，「データの分析・解釈」等の高度なものへと移行していく。そうした学校段階の進行に伴う要素内の内実の変化に目を向けることも大切であろう。

参考文献

国立教育政策研究所編（2019）『生きるための知識と技能7　OECD生徒の学習到達度調査（PISA）2018年調査国際結果報告書』明石書店.

大髙泉（1995）「理科教育の目標——理科を学ぶ意義についても教える時代の到来か」『理科の教育』7月号, 東洋館出版社, pp. 8-11.

大髙泉（2012）「理科教育の目的・目標と科学的リテラシー」大髙泉・清水美憲編『教科教育の理論と授業Ⅱ理数編』協同出版, pp. 179-192.

鶴岡義彦（1998）「サイエンスリテラシー」日本理科教育学会編『キーワードから探るこれからの理科教育』東洋館出版社, pp. 40-45.

（遠藤優介）

Q2　中学校および高等学校学習指導要領における理科の目標について述べなさい

1．学習指導要領に示される教科「理科」の目標の背景

　1947（昭和22）年の教育基本法により新しく中学校が発足し，それまでの旧制中学校や高等女学校が核となり新制の高等学校が開設された。この時に，文部省（当時）から学習指導要領　理科編（試案）（小学校と中学校），学習指導要項　物理・化学・生物・地学（試案）が示され，国によって戦後の日本の理科教育の目標が示されることとなった。学習指導要領の改訂では，基本的に，国内外の教育の動向（学習状況調査や学力調査結果も含む）や教育研究の知見などが反映されている。

　戦後まもなく公示された学習指導要領（要項）（試案）は，戦後の民主主義国家を建築するためにアメリカの教育を参考にし，生徒や社会の要請を取り入れた形で，生徒の生活に深く関わることが目標として取り入れられた。

　昭和20年代も後半になると，世界的に科学者・技術者の不足が深刻になり，理科教育が国家によって重視され，理科教育の振興を図ることを目的とした理科教育振興法が成立した。そして，それまでの生活単元学習を批判して教科の学術的基盤の系統性を重視して，昭和30年代前半に学習指導要領が改訂された。この昭和30年代の学習指導要領改訂前後から，アメリカやイギリスで起こった教育の現代化運動は日本へも波及し，1969（昭和44）・1970（昭和45）年にそれぞれ改訂された中学校・高等学校学習指導要領に基づく理科教育では，「探究（inquiry）」がキーワードとなり，探究の過程の重視と科学的概念の構造化がはかられた。

　この時代までは，社会背景として科学・技術や教育の国際的な動向が強く反映されていた。昭和40年代になると，公害に代表されるように科学万能主義への懐疑，受験戦争など，教育や科学を取り巻く状況も変化していった。このような状況で，ゆとり教育を重視して1977（昭和52）・1978（昭和

53）年に中学校・高等学校の学習指導要領が改訂された。その後，10年毎の改訂では，知・徳・体にわたる「生きる力」に基づくそれまでの基本方針が強調されていった。2017（平成29）・2018（平成30）年に改訂された中学校・高等学校の学習指導要領では，将来を担う子どもたちの資質・能力とは何か，何のために学ぶのかという学ぶ意義を社会と共有し，社会と連携した教育課程（社会に開かれた教育課程）が求められるようになった。

　以上のように，学習指導要領に示される教科理科の目標は，社会の変化を見据え，子どもたちがこれからの社会を生きていくために必要な資質や能力を規定する学習指導要領全体の考えに基づき，学校教育としての理科教育は人間形成に如何にして貢献できるのか，という観点から述べられている。

２．中学校および高等学校学習指導要領における目標の特色

　先に示したように，1947（昭和22）年の学習指導要領・要項（試案）は，1951（昭和26）年に中学校・高等学校学習指導要領（試案）理科編として改訂され，高等学校では，1956（昭和31）年，1960（昭和35）年に改訂されたが，おおむね10年毎に改訂されている。

　以下は，1947年以降のこれまでの教科理科に共通すると思われる特色である。

① 　方向目標である。
② 　目標が構造化されている。
③ 　目標は，知識，スキル（能力），態度から構成されている。また，それらは評価の観点に関連付けられている。
④ 　教科の目標のキーワードは，「自然」と「科学」である。

（１）教科の目標が方向目標であること

　2017（平成29）・2018（平成30）年に改訂された中学校・高等学校学習指導要領理科も含めて伝統的に，教科理科の目標では，文の語尾を見ると，「〜を育成する」，「〜を身につける」，「〜を養う」といった表現となっている。これは，ある段階（例えば，学年の終わり）において，あるレベル（例えば，「〜することができる」）に到達することを目指している目標（これを到

達目標という）とは違い，あくまでも学習を通して獲得や育成が期待される望ましい方向性を示しており，学習指導要領の目標は，伝統的に方向目標として示されてきている。これに対して，1980年代以降の欧米諸国，例えばイギリスのナショナル・カリキュラムでは，教科の目的に基づき，到達目標が学習段階（key stage）毎に示される。

（2）目標が構造化されていること

1958（昭和33）年に改訂された中学校学習指導要領（この段階から（試案）が削除）から，中学校理科は二分野制となった。目標は，教科の目標，それを受けた学年の目標から構成された。1969（昭和44）年の改訂から，現在に至るまで，教科の目標とそれを受けた分野の目標が示される形式が継続されている。

一方，高等学校では，1948（昭和23）年の要領（試案），1951（昭和26）年の中学校・高等学校指導要領（試案）理科編の改訂では，教科「理科」としての目標ではなく，物理，化学，生物，地学の各科目の目標が示されていた。その後の，1956（昭和31）年の学習指導要領改訂（この段階から（試案）が削除）から，教科の目標，科目の目標の形で示されるようになり，この形式は現在まで継続されている。

ところで，中学校および高等学校学習指導要領の構成は，「１．目標」，「２．各分野（高等学校は各科目）の目標及び内容」，「３．内容の取扱い」から構成されている。理科教師は，「２．各分野（各科目）」に示される単元目標群を考慮し，各単元の目標を設定し，本時の目標を設定する。つまり，目標は，教科の目標，各分野（各科目）の目標，単元目標，本時の目標と構造化されている。

（3）目標は，知識，スキル（能力），態度から構成されていること。また，評価の観点にそれらが関連づけられていること

学習指導要領（要項も含む）の改訂にもよるが，中学校でも高等学校でも，教科の目標は，表現方法は違っている場合も認められるが，これまで，認知的側面（知識・技能），スキル的側面（単なる技能以上のある意味で能力），情意的側面（態度，人間性等）から構成されている。2007（平成19）

年に改正された学校教育法では、「生涯にわたり学習する基盤が培われるよう、基礎的な知識及び技能を習得させるとともに、これらを活用して課題を解決するために必要な思考力、判断力、表現力その他の能力をはぐくみ、主体的に学習に取り組む態度を養う」（下線は筆者による）と、いわゆる学力が３つの素（知識・技能、思考力・判断力・表現力等、主体的に学習に取り組む態度）に整理された。

2017（平成29）・2018（平成30）年に改訂された中学校・高等学校学習指導要領では、子どもが「何ができるようになるか」という観点を、先の学力の３つの要素が、育成すべき３つの資質・能力として示された。それらは、①知識及び技能の習得、②思考力・判断力・表現力等の育成、及び③学びに向かう力・人間性等の涵養である。そして、これまでの学習指導要領では、校種の違いや教科の特性等から、目標の表現や示し方は校種や教科で違っていたが、この度改訂された学習指導要領から教科の目標は、中学校・高等学校の各教科に共通した表現や構成で示されている（以下の＿＿は、教科に共通した表現を示しており、その下の（ ）付の文章は、それぞれ（１）知識及び技能、（２）思考力・判断力・表現力等、（３）学びに向かう力、人間性等、が示されている）。

　　自然の事物・現象に関わり、理科の見方・考え方を働かせ、見通しをもって観察、実験を行うことなどを通して、自然の事物・現象を科学的に探究するために必要な資質・能力を次のとおり育成することを目指す。
（１）自然の事物・現象についての理解 (知・技) を深め、科学的に探究する（知・技）ために必要な観察、実験などに関する技能 (知・技) を身に付けるようにする。
（２）観察、実験などを行い、科学的に探究する力 (能) を養う。
（３）自然の事物・現象に主体的に関わり (態)、科学的に探究しようとする態度 (態) を養う。

これら学習指導要領の教科の目標で示される３つの資質・能力は、生徒の

学籍や指導の過程とその結果を記録し，その後の指導及び外部（保護者や他校種等）に対する証明等に役立たせるための原簿である指導要録に示される評価の観点と関連付けられている。つまり，日本では，学習指導要領で示される教科の目標は，方向目標であるけれども，それが評価の観点と結び付くことで，評価規準という形で到達目標が示されることになる。

（4）教科の目標のキーワードは，「自然」と「科学」であること

先にも示したように，2017（平成29）・2018（平成30）年に改訂された中学校学習指導要領理科や高等学校学習指導要領理科に示されている教科「理科」の目標では，「自然」と「科学（的）」の頻出度は，中学校も高等学校とも，それぞれ4回ずつである。この「自然」と「科学（的）」，とりわけ「自然」は伝統的に学習指導要領の目標に見られる特色である。

これを諸外国の例と比較してみるとより分かりやすい。日本は明治期，西洋の近代科学を取り入れて理科教育が始まったが，その科学の輸入元の1つであるイギリスの例を見てみよう。現在のイギリス（イングランド）のナショナル・カリキュラムに示された目的は，以下のように示されている。

より質の高い科学教育は，物理，化学，生物といった特定領域を通して世界を理解するための基礎を提供している。科学は，我々の生活を変え，世界の将来の繁栄にとって不可欠である。すべての児童・生徒は，科学の知識，方法，プロセスの本質的な側面が教えられるべきである。主要な基礎的知識と概念体系を構築することを通して，児童・生徒は（科学の）合理的な説明力を認識するとともに，自然現象についての興奮と興味の感覚を発達させることが奨励されるべきである。彼・彼女らは，何が起こっているかを説明するために科学がどのように利用されているかを理解し，物事がどのように振る舞うかを予測し，原因を分析することを奨励されるべきである。(Department for Education, *The National Curriculum in England*, p. 168)

この目的では，「自然」（この場合，自然現象）は1度しか出てこない。理

科教育は，science educationと英訳される。どちらもその学術的基盤は科学（science）であるが，科学（science）を生み育ててきた西洋では，科学（science）そのものの中に，自然（nature）を内包しており，日本は自然との調和といった西洋とは異なる自然観があるために，学習指導要領理科に示される教科理科の目標でも，イギリスとは異なり「自然」や「科学」の意味や捉え方に違いが出ている。

参考URL

Department for Education（2014）. *The national curriculum in England.* https://assets.publishing.service.gov.uk/government/uploads/system/uploads/attachment_data/file/381344/Master_final_national_curriculum_28_Nov.pdf

文部科学省（2011）. 学習指導要領「生きる力」https://www.mext.go.jp/a_menu/shotou/new-cs/gengo/1306118.htm

国立教育政策研究所：教育研究情報データベース（学習指導要領の一覧）https://erid.nier.go.jp/guideline.html

（磯﨑哲夫）

Q3　日常生活と理科の関係について述べなさい

1.「日常生活」と理科の関係の始まり

　日本の中学校理科が，日常生活との関係を扱い始めたのはいつ頃からであろうか。その始まりはかなり古い。1886（明治19）年の「小学校の学科及びその程度」まで，さかのぼることができる。理科は，高等小学校で教授すると定められ，現在の中学校の学齢に相当したのが高等小学校第3・4学年であった。理科教育内容は，人生（人間の生活）に最も近接の関係にあるもの，日常児童の目撃しうる所のものとされた。例えば，東京高等師範学校附属小学校の『小学校教授細目』において，高等小学校高等中と尋常を併置した第2部小学科の第3・4学年には，天体，海洋，山岳，森林，音，鉱物の利用，人体構造生理，普通なる諸機械，燃焼，光，植物体の構造生理，動植物の栄養上の関係，電気・磁気が示されていた。高等小学校の目的には，自然に関する理解と，これに伴う愛とを養わしめ，以て，実際生活に適し，人品を高尚ならしむるとされた。

2.　理科教育の実用化，実生活化

　神戸によれば，第一次世界大戦後，理科教育の実用化，実生活化が主張されるようになったという。日常生活の意味は，殖産興業を盛んにし，国力の充実を期するために適切な知識技能を習得する，実用的なものを含むようになった。また，昭和初期までの理科教育における「応用」には，新法則の具体化，日常諸現象の説明，同類挙例，手工的製作修理，園芸飼育への応用，利用厚生の新工夫などの意味があったとされた。終戦後の経験を重視する理科カリキュラムでは，1951（昭和26）年改訂学習指導要領において，16項目からなる目標の1つに，科学の原理や法則を日常生活に応用する能力を高めることが明示された。中学校の理科は，自然の事物現象や人体に関する科学的な諸問題を，生徒の将来を見通して取り扱うように組織されて，個々の

事物現象の理解にとどまらず，日常生活や産業とのつながりを取り扱うことが強調された。

３．理科学習内容と日常生活の関わり

　平成に入ると，各種学力調査から明らかになったように，理科の授業で学習したことが社会に出たときに役に立つと思う生徒の割合は，低い傾向にあった。この課題に対処するため，例えば，国立教育政策研究所内日常生活教材作成研究会は，日常生活の指し示す内容を，どのような仕事のどのような場面に活かされているか，学校で学ぶ内容が産業の身近な製品や技術にどのように活かされているか，学習内容が社会の職業の中で，どのような仕事のどのような場面に活かされているかと解釈した。日常生活は，技術や製品（技術的所産）だけでなく，職業をも含み込む形に拡張されたのである。

４．これからの「日常生活」のとらえ方

　以上のことから，日常生活と理科の関係をいくつかに類型化することができる。すなわち，有用性，実用性，科学概念の獲得に向けた興味の喚起，課題解決的な学びにおける文脈の提供等々である。「日常生活」の概念は一般的であるから，個別最適化されればされるほど，理科教師には生徒の個人的関連性の担保が難しくなる。科学技術が高度化するなかで，興味の喚起や問題解決に資する「日常生活」をどの程度一般化できるか，理論・基準づくりが大切になる。

参考文献

神戸伊三郎（1931）『ゼネラルサイエンス』東洋図書．

国立教育政策研究所内日常生活教材作成研究会（2005）『学習内容と日常生活との関連性の研究――学習内容と日常生活，産業・社会・人間とに関連した題材の開発』．

東京高等師範学校附属小学校（1903）『小学校教授細目』高島活版所．

（郡司賀透）

▌Q4 自然科学と理科の関係について述べなさい

　自然科学と理科の関係を明らかにするために，自然科学と理科のそれぞれ何を目指しているかについて調べることから，自然科学と理科の関係を明らかにする。

1．自然科学は何を目指しているか

　自然の事物や現象を対象とする自然科学は，未来に起こる事象を予測することを目指している。このため，自然科学は再現性や実証性，客観性を満足する実験を行い，自然事象に関する理論や法則を構築し，未来を予測していくことを目指す。ここでいう，実証性や再現性，客観性は以下に述べるものである。

（1）実証性
　研究者が発想した仮説などは，最初は主観的なものである。このため，仮説などの真偽を観察，実験などを通して検討する必要がある。このように発想した仮説などを観察，実験などによって検討するという条件が実証性である。

（2）再現性
　仮説などを観察，実験などを通して実証する時，その結果が一過性で一定でないものは研究者間で共有できない。そこで，同じ条件下では必ず同じ結果が得られるという条件が必要となる。この条件が再現性である。

（3）客観性
　仮説などが実証性や再現性という条件などを満足すると，多くの人によって承認され共有されるようになる。このように，多くの人々によって承認され公認されるという条件が客観性である。

　以上のことから，自然科学は再現性や実証性，客観性を満たす実験を行い，自然事象に関する理論や法則を構築し，未来を予測していくことを目指すものであると言える。

2．理科は何を目指しているか

日本の教育は，教育基本法や学校教育法をもとに行う。

教育の目的は，教育基本法の第一章「教育の目的及び理念」に明記されている。そこでは，「第一条　教育は，人格の完成を目指し，平和で民主的な国家及び社会の形成者として必要な資質を備えた心身とともに健康な国民の育成を期して行われなければならない。」と記されている。このことから，日本の教育は，人格の完成を目指すといえる。

また，この人格の完成のもとに，義務教育の目標は，学校教育法第二章「義務教育」の「第二十一条　義務教育として行われる普通教育は，教育基本法（平成十八年法律第百二十号）第五条第二項に規定する目的を実現するため，次に掲げる目標を達成するよう行われるものとする。」と記されている。そこには，教科理科の目標が，「七　生活にかかわる自然現象について，観察及び実験を通じて，科学的に理解し，処理する基礎的な能力を養うこと」と明記されている。

以上のことから，理科教育は，子どもが人格の完成のもとに，科学という文化体系を対象に，一人ひとりが主体的に生きていくことができる知識・技能や思考力・判断力・表現力などの能力，及び主体的に学習に取り組む態度を獲得できることを目指すと言える。

3．自然科学と理科の関係

今まで述べてきたことから，自然科学は，未来に起こる事象を予測することを目指す文化体系である。これに対して，理科は自然科学をもとに，自立できる人間の育成を目指していると言える。

参考文献

角屋重樹（2019）『改訂版　なぜ，理科を教えるのか──理科教育がわかる教科書』文溪堂．

（角屋重樹）

Q5　理科において観察や実験をする意義について述べなさい

1.　理科における観察や実験の位置付け

　はじめに，観察や実験が日本の理科においてどのように位置付けられてきたか歴史的に整理することにする。小田（1973）によると，明治の学制時代から理科の教授においては実験観察がその根本とならなければならないことが強調されていた。そして，第一次世界大戦の影響もあり，1918（大正7）年に中学校，師範学校に理科実験の設備充実をはかるとともに，実験要目を制定し，国家レベルで理科実験が奨励されたものの，書物中心，講義中心の理科教授からの脱却はなお容易ではなかったとされている。

　また，第二次世界大戦後の教育システムの再構築の一環として作成された，昭和22年の最初の学習指導要領（試案）（文部省，1947）では，例えば高等学校物理科における指導上の注意として「なるべく観察・実験を中心として自発的に学習を進め，かつ，簡単な実験の技術を身に付けさせる。」と述べられている。その後，昭和52年改訂の中学校学習指導要領（文部省，1977）以降では，理科の目標において「観察，実験などを通して，自然を調べる能力と態度を育てる（以下略）」などと示されているように，観察や実験を通した理科の学習が教科の目標として明文化され，今日に至っている。

2.　観察や実験を通して学ぶことの意義と具体的取り組み

　次に，観察や実験を通して理科を学ぶことの意義や具体について，近年の科学教育に関わる動向を参考としながら考えてみる。

　米国の新たな科学教育のフレームワークとして注目されている Next Generation Science Standards（NGSS）では，科学や工学の実践（practice），横断的概念，学問的コア・アイデアという3つの次元で構成された学習をすることが求められている（NRC，2013）。この3つの次元のうち，「実践」（探

究的に観察や実験に取り組むことを求めている）を取り入れることの意義に着目すると，科学の実践に取り組むことで，科学的知識がどのように発展していくのかを理解することや，科学の横断的な概念や学問的な考え方を理解することが意図されている。また，生徒は今日の社会が直面している多くの主要な課題の解決に，科学が貢献できることを認識するようになるであろうと述べられている（NRC，2012）。なお，「スキル」のような用語ではなく「実践」という用語を使用している理由としては，科学的研究に取り組むにはスキルだけでなく，それぞれの実践に固有の知識も必要であることを強調するためであると説明されている。このような考え方に基づくと，観察や実験といった実践を通して理科を学ぶことにより，科学的知識や技能の獲得のみでなく，科学の方法や科学の性質（Nature of Science，第3章Q10を参照のこと）についての理解を深めることが期待されていると解釈できる。

　日本においては，平成28年12月の中央教育審議会答申（中央教育審議会，2016）に基づく学習指導要領の改訂に際して学びの過程が重要視されており，例えば中学校理科では各学年で主に重視する探究の学習過程が以下のように示されている（文部科学省，2017）。

第1学年：自然の事物・現象に進んで関わり，その中から問題を見いだす

第2学年：解決する方法を立案し，その結果を分析して解釈する

第3学年：探究の過程を振り返る

なお，授業においては，Osborne（2015）が指摘しているように，上記の学習過程がルーチン化しないよう，探究の過程において資料を読む，議論する，書いてまとめるといった包括的な学びを構築することが肝要と考える。

参考文献

小田求（1973）「わが国における理科教育の発展」木村仁泰編著『理科教育学原理』明治図書出版.

National Research Council ［NRC］. （2012）. *A framework for K-12 science education: practices, crosscutting concepts, and core ideas.*

（松浦拓也）

第2章

理科の内容構成

Q1 中学校および高等学校理科のカリキュラム構成とその動向について述べなさい

1. 中学校および高等学校学習指導要領における理科カリキュラムの歴史的変遷

　戦後，アメリカの教育の影響を受けて，学校制度は単一制度の6（小学校）－3（中学校）－3（高等学校）－4（大学）制となり，小学校と中学校が義務教育となった。特に，中学校は，新しく1947（昭和22）年から設置された。高等学校は，戦前の旧制中学校や高等女学校，実業学校等を核にして1948（昭和23）年に改組再編された。そして，1947（昭和22）年に初めて教育目標や教育内容を示した学習指導要領（要項）が示された。このことから，学習指導要領は顕在的カリキュラムの典型である。

　1947（昭和22）年に最初に示された学習指導要領理科編（試案）（小学校と中学校対象）及び高等学校学習指導要項物理・化学・生物・地学（試案）から，2017（平成29）年に改訂された中学校学習指導要領及び2018（平成30）年に改訂された高等学校学習指導要領までの理科カリキュラムの特色は，以下の点である。

　①　理科カリキュラムは，4領域（物理・化学・生物・地学）／4概念（エネルギー，粒子，生命，地球）から構成されている。

　②　小学校から高等学校まで，理科カリキュラムはスパイラル・カリキュラム（spiral curriculum）として構造化されている。

　③　高等学校の理科カリキュラムは，総合的理科と分科的理科の選択必修制である。

（1）理科カリキュラムは，4領域（物理・化学・生物・地学）／4概念（エネルギー，粒子，生命，地球）から構成されていること

　私たちは，教科理科が学校カリキュラムの一部として当たり前のように存在していると思っているが，そもそも理科は，1886（明治19）年の小学校

令で示された教科であり，それは義務教育段階の尋常小学校には開設され
ず，尋常小学校卒業生の一部が進学した高等小学校（義務教育ではない）の
教科として開設された。戦後の新制の高等学校の核の1つとなった高等女学
校は，1895（明治28）年の高等女学校発足段階から教科理科であったのに
対して，旧制中学校は1931（昭和6）年に初めて教科理科が開設された。
それまでは，教科として物理及化学（物理と化学）と博物（植物，動物，生
理衛生，鉱物）で，戦時中は教科として理数科：理科（物象と生物）となっ
た。戦後の新制の高等学校発足に際して，理科は物理・化学・生物・地学の4
科目から構成されることとなった。

　現在の学習指導要領では，校種間の接続性，国際的通用性，内容の系統性
を考慮して，小学校から高等学校を通して理科の主要な概念がエネルギー，
粒子，生命，地球の4つの柱から構成されているが，それらは理科の4領域
（物理・化学・生物・地学）とは無関係ではない。

　ところで，教育内容をどのように編成するかの原理によってカリキュラム
を分類すると，文化遺産の論理的体系によって教科を設定する教科主義カリ
キュラムに理科は位置付けられる。一方で，教科あるいは科目の枠組みを外
し，融合して広い領域を編成する意味からすれば，物理・化学・生物・地学の
内容から構成される理科は，融合カリキュラムである。

（2）小学校から高等学校まで，理科カリキュラムはスパイラル・カリキュラム（spiral curriculum）として構造化されていること

　1年間では同じ学習内容（単元）を学ばないため，1年間の学習内容の配
列を考慮し，校種を考慮しながら，学年進行により，同系統の高次・深化し
た学習内容を学ぶように工夫された螺旋型のカリキュラムを指してスパイラ
ル・カリキュラムと呼んでいる。そのため，ある概念について，繰り返し学
習することになる。例えば，学習指導案を作成する際，単元（教材）観や生
徒観においては，生徒がそれ以前の学習で何を学んできて，何をどの程度理
解しているか，この単元はそれまでの学習とどのように結び付いているか，
等を記載するが，スパイラル・カリキュラムであるが故に，このようなこと
がより効果的で可能となる側面もある。戦後日本の理科教育の大部分は，伝

統的にこのスパイラル・カリキュラムを採用していると言ってもよい。

（3）高等学校の理科カリキュラムは総合的理科と分科的理科の選択必修制であること

中等教育段階では，どのような理科の内容を，どのような形で提供するかが洋の東西を問わず歴史的に議論されてきている。

表2-1-1に総合的理科と分科的理科の特色を示した。総合的理科とは，自然の事物・現象を総合的に見る領域・科目であり，分科的理科とは，いわゆる物理・化学・生物・地学といった自然科学の体系により分類された領域・科目である。例えば，科目『科学と人間生活』は総合的理科であり，かつて存在していた『総合理科』などもその例である。歴史的にも，日本を含めて世界的にも年齢層の低い校種や同一校種でも低学年では，一般的に総合的理科が配置され，学年進行にしたがって分科的理科が配置される場合が多い。

戦後，中学校では単元で理科の学習内容が構成され，高等学校は物理・化学・生物・地学の4科目からスタートした。その後の学習指導要領の改訂で，中学校では1958（昭和33）年の改訂から二分野制となり，現在まで継続されている。一方，高等学校は1969（昭和44）年改訂の学習指導要領から総合的理科が開設され，それ以降分科的理科科目と総合的理科科目から構成されるようになった。高等学校では，生徒の興味・関心や適性，進路等を考慮した理科諸科目の選択必修制の問題がある。とりわけ，将来の科学者を養成

表2-1-1　総合的理科と分科的理科の特色

総合的理科	分科的理科
・自然を総合的に見る立場。 ・学習者の立場を尊重。 ・特に高等学校では，教師の専門性が活かし難く指導が困難。 ・内容構成は難しいが，社会的要請のある学際的内容には比較的対応しやすい。 ・学習者の興味・関心に比較的合わせやすい。 例）『理科総合』，『理科Ⅰ』，『科学と人間生活』	・自然を分析的に見る立場。 ・自然科学の学問的体系を尊重。 ・教師の専門性を活かすことが容易で指導しやすい。 ・内容構成が比較的容易であるが，一方で，他科目や他教科との関連は薄い。 ・学習者の興味・関心と一致するとは限らない。 例）『物理』，『化学』，『生物基礎』，『地学基礎』

するための準備教育として高等学校を位置付けるのであれば，より自然科学の体系を基盤とした分科的理科科目を必修として可能な限り多く選択履修させ，一方で国民の共通的な科学的リテラシーの育成を目指すのであれば，専門分化した分科的理科よりも総合的な理科を学ぶことも必要になる。とりわけ，義務教育段階後の後期中等教育段階への進学率が高まり大衆化すれば，この問題はより顕在化される。歴史的には，1931（昭和6）年の旧制中学校における教科の再編で教科として理科が誕生し，低学年にて『一般理科』を必修とし，中・高学年で分科的理科科目を学習した事例や，1969（昭和44）年改訂の高等学校学習指導要領理科により，分科的理科と総合的理科の並立した事例に見ることができる。一方，イギリスとアメリカでは，やはり20世紀前半に中等教育段階の学校にGeneral scienceが導入された背景もほぼ同じであった。

2．諸外国から見た中学校および高等学校理科カリキュラムの特色

　先にも示したように，日本の中学校・高等学校学習指導要領理科では，主要な科学的概念が4つ示されており，高等学校理科では，基本的に物理・化学・生物・地学の4科目・領域から構成される。

　世界的に見ると（2020年執筆当時），例えば，中国教育部（日本の文部科学省に相当）による課程標準（カリキュラム）によると，初級中学（日本の中学校）では，第7～9学年で総合的科学である科学あるいは物理・化学・生物といった分科的科学科目を必修として学び（多くの省が分科的科学を提供），高級中学（日本の高等学校）では，必修課程では物理・化学・生物を全員が学び，選択必修課程と選択課程では分科的科学諸科目が開設されている。台湾では，政府による2018年の綱要によると，国民中学（日本の中学校に相当）では，自然科学は生物，理化（物理と化学的内容），地球科学の内容から構成され，週3時間必修として学習する（科目横断的テーマかつ探究と実践学習を含む）。高級中学校（日本の高等学校普通科に相当）では，自然科学は物理，化学，生物，地球科学の分科的科学科目から構成され（各

２〜４単位），３年間のうち最初の２年間自然科学は必修（12単位。科目横断的な探究と実践を含む）で，２年次から各科目の選択が始まり，３年次は選択科目のみとなる。

　一方，欧州諸国のうち，イギリスを例にしてみよう。1988年教育改革法に基づいて科学は，数学と英語とともにコア教科として位置づけられ，ナショナル・カリキュラムにおいて，教育目標や教育内容等が示されるようになった。中等教育段階は，前期中等教育としてKS3（11歳から14歳），KS4（14歳から16歳）が義務教育で，Ａレベル（16歳から18歳）と言われる後期中等教育があり，Ａレベルでは限られた教科・科目を選択し非常に専門的で高度な学習をする。KS3とKS4のナショナル・カリキュラムでは，科学の目的，学習内容（programme of study）が物理・化学・生物に加えて，科学的態度，スキル，探究の方法，分析や評価の在り方を示した科学的取組（working scientifically）から構成されている。イギリスでは，科学は物理・化学・生物が伝統的３科目（traditional three science subjects）と称せられており，日本の地学の内容は，天文や地球物理の内容は物理で，地質の内容は化学で，進化の内容は生物で学習する。KS3やKS4のナショナル・カリキュラムでは，物理・化学・生物で示されるが，教科書は総合的科学や分科的科学の両方が出版されている。いずれにしても，KS3とKS4では科学は必修である。

　もう一点，諸外国と比べた日本の理科カリキュラムの特色，とりわけ内容構成に関して中学校・高等学校学習指導要領理科に示される理科の内容の特色は，主として科学（そのもの）の知識（knowledge in/of science）から構成されていることである。欧米諸国では，この科学の知識に加えて，1980年代以降，科学についての知識（knowledge about science）もカリキュラムの要素として取り入れられるようになっている。先のイギリスの科学的取組にも関わる内容であり，1989年の最初のナショナル・カリキュラムでは，科学の本質（nature of science）と称せられていた。つまり，イギリスのナショナル・カリキュラムは，（1）科学の本質（科学についての知識），（2）物理・化学・生物（科学の知識）から構成されている。なお，この科学の本質（科学についての知識）は，それ単独で教えられるというよりも，科学の知識を教

える文脈において教えられる。また，欧米では，科学的リテラシーの育成の観点から，この科学の本質に関わる，議論の余地がある問題（controversial issues）や科学・技術が背景にある（基盤にある）社会的諸問題（socio scientific issues）が積極的に取り入れられ，意思決定能力の育成が図られている。

参考URL

Department for Education（2014）. *The national curriculum in England.* https://assets.publishing.service.gov.uk/government/uploads/system/uploads/attachment_data/file/381344/Master_final_national_curriculum_28_Nov.pdf

国立教育政策研究所：教育研究情報データベース（学習指導要領の一覧）https://erid.nier.go.jp/guideline.html

中華民国教育部（2018）. 十二年国民教育基本教育課程綱要：自然科学領域 https://www.k12ea.gov.tw/files/class_schema/%E8%AA%B2%E7%B6%B1/17-%E8%87%AA%E7%84%B6%E7%A7%91%E5%AD%B8/17-1/%E5%8D%81%E4%BA%8C%E5%B9%B4%E5%9C%8B%E6%B0%91%E5%9F%BA%E6%9C%AC%E6%95%99%E8%82%B2%E8%AA%B2%E7%A8%8B%E7%B6%B1%E8%A6%81%E5%9C%8B%E6%B0%91%E4%B8%AD%E5%B0%8F%E5%AD%B8%E6%9A%A8%E6%99%AE%E9%80%9A%E5%9E%8B%E9%AB%98%E7%B4%9A%E4%B8%AD%E7%AD%89%E5%AD%B8%E6%A0%A1%E2%94%80%E8%87%AA%E7%84%B6%E7%A7%91%E5%AD%B8%E9%A0%98%E5%9F%9F.pdf

（磯﨑哲夫）

1．2017（平成 29）年改訂学習指導要領における「エネル
ギー」領域の内容構成

　観察・実験などを通じて，日常生活や社会と関係づけて理解すること，見通しをもって観察・実験を行うこと，観察・実験などの技能を身に付けることが目指されている。また，表現の方法としてレポートの作成や発表を行わせることも挙げられている。

（1）身近な物理現象（中学1年）

　光と音（光の反射・屈折，凸レンズの働き，音の性質），力の働きが含まれる。問題を見いだすこと，光の反射，凸レンズの働き，音の性質，力の働きの規則性や関係性を見いだして表現することを求めている。

（2）電流とその利用（中学2年）

　電流（回路と電流・電圧，電流・電圧と抵抗，電気とそのエネルギー，静電気と電流），電流と磁界（電流がつくる磁界，磁界中の電流が受ける力，電磁誘導と発電）が含まれる。解決する方法を立案すること，観察・実験の結果を分析して解釈し，電流と電圧，電流の働き，静電気，電流と磁界の規則性や関係性を見いだして，科学的な根拠に基づいて表現することを求めている。

（3）運動とエネルギー（中学3年）

　力のつり合いと合成・分解（水中の物体に働く力，力の合成・分解），運動の規則性（運動の速さと向き，力と運動），力学的エネルギー（仕事とエネルギー，力学的エネルギーの保存）が含まれる。観察・実験の結果を分析して解釈し，力のつり合い，力の合成や分解，物体の運動，力学的エネルギーの規則性や関係性を見いだすことを求めている。また，測定結果を処理する際には，測定値に生じる誤差を踏まえることや，表やグラフを活用した指導

を行うことも重視されている。さらに3年間の学習を念頭に置き，探究の過程を振り返ることを求めている。ここで言う探究の過程は，自然事象に対する気づき，課題の設定，仮説の設定，検証計画の立案，観察・実験の実施，結果の処理，考察・推論，表現・伝達などから成る過程と位置付けられている。

（4）科学技術と人間（中学3年）

エネルギーと物質（エネルギーとエネルギー資源，様々な物質とその利用，科学技術の発展），自然環境の保全と科学技術の利用が含まれる。理科の見方・考え方を働かせて，エネルギーや物質に関する観察・実験などを行い，その結果を分析して解釈し，エネルギー資源の有効利用の重要性の認識，科学技術の発展の過程や科学技術の人間生活への貢献についての認識等を深めることが目指されている。また，理科の学習を通しての思考力，判断力，表現力の育成を念頭に，多面的，総合的に捉えること，科学的に考察して判断することが重視されている。

2．中学校理科の「エネルギー」領域の特徴

光・音・力・電磁気・運動・エネルギーという3年間の学習順序は，大枠として1989（平成元）年改訂学習指導要領以来変わっていない。物理学の体系的知識を重視するならば，高等学校以降のように，力学を先に学習する流れになるであろうが，中学生にとっては，五感を通して実感できないものは理解が難しいというのが実情であり，これが考慮されていると言える。

また，エネルギー領域の内容は，「エネルギーの捉え方」，「エネルギーの変換と保存」，「エネルギー資源の有効利用」という3つの概念で，小学校からの接続が意識されている。例えば「エネルギーの捉え方」の要素では，小学校では風，ゴム，振り子，てこといった具体物に働く力や運動について学習するが，中学校では，より一般化された形で取り扱われる。

全体として，日常生活や社会に見られる現象から出発すること，中学校の3年間で探究の過程を身に付けられるように観察・実験を指導すること，観察・実験を思考力・判断力・表現力の育成へつなげることが目指されている。

参考URL

平成29・30年改訂　学習指導要領，学習指導要領解説等　https://www.
　　　mext.go.jp/a_menu/shotou/new-cs/1384661.htm（2020年5月26日閲
　　　覧）.

国立教育政策研究所学習指導要領データベース　https://www.nier.go.jp/
　　　guideline/index.htm（2020年5月26日閲覧）.

（中村泰輔）

Q3　中学校理科の「粒子」領域の内容構成と特徴について述べなさい

1．学習指導要領における「粒子」領域

　2017（平成29）年改訂中学校学習指導要領では，従前と同様に，科学の4つの基本的な概念等を柱として理科の学習内容が構成されている（文部科学省，2018）。その1つが「粒子」領域であり，小学校，中学校，高等学校を通して系統的に学習される。

2．中学校理科の「粒子」領域の内容構成

　「粒子」領域は，「粒子の存在」，「粒子の結合」，「粒子の保存性」，「粒子のもつエネルギー」の4つの概念から構成されている（文部科学省，2018）。この4つの概念を柱として，以下のように，学年ごとに系統的に単元が配置されている。

（1）身の回りの物質（第1学年）

　「身の回りの物質」には，「物質のすがた」，「水溶液」，「状態変化」の学習内容が含まれる。「物質のすがた」では，身の回りの物質とその性質，気体の性質とその発生方法などについて学習する。「水溶液」では，物質の水への溶解，溶解度，再結晶，水溶液の濃度などについて学習する。「状態変化」では，状態変化における体積と質量，物質の融点と沸点などについて学習する。

（2）化学変化と原子・分子（第2学年）

　「化学変化と原子・分子」には，「物質の成り立ち」，「化学変化」，「化学変化と物質の質量」の学習内容が含まれる。「物質の成り立ち」では，物質の分解，原子と分子などについて学習する。「化学変化」では，化学反応式，酸化と還元，化学変化における熱の出入りなどについて学習する。「化学変化と物質の質量」では，化学変化における質量の保存，質量変化の規則性な

どについて学習する。

（3）化学変化とイオン（第3学年）

「化学変化とイオン」には，「水溶液とイオン」，「化学変化と電池」の学習内容が含まれる。「水溶液とイオン」では，原子の成り立ちとイオン，酸とアルカリ，中和と塩などについて学習する。「化学変化と電池」では，金属イオン，電池の仕組みなどについて学習する。

3. 中学校理科の「粒子」領域の特徴

中学校理科の「粒子」領域では，物質に関する事物・現象について，観察，実験などを通して理解することや，それらの観察，実験などに関する基本的な技能を身に付けること，規則性を見いだしたり課題を解決したりする力を養うこと，科学的に探究しようとする態度を養うことなどが目指されている（文部科学省，2018）。

学習の対象である物質に関する事物・現象には，上述したように，身の回りの物質や化学変化などが含まれる。学習においては，目に見える物質の性質や反応を目に見えない原子，分子，イオンの概念を用いて統一的に考察させることが意図されている（文部科学省，2018）。これらのことが中学校理科の「粒子」領域の特徴として指摘できる。また，中学校理科の「粒子」領域では，自然の事物・現象を「物〜物質レベル」において，主として質的・実体的な視点で捉えることが特徴的な見方（視点）とされている（文部科学省，2018）ことから，身の回りの物質や化学変化などの事物・現象をその性質を調べることで質的に捉えたり，原子，分子，イオンの概念を用いることで実体的に捉えたりすることに特徴があると言える。

参考文献

文部科学省（2018）『中学校学習指導要領（平成29年告示）解説　理科編』学校図書．

（山田真子）

Q4　中学校理科の「生命」領域の内容構成と特徴について述べなさい

1．中学校理科の「生命」領域の内容構成

　中学校学習指導要領（平成29年告示）において，中学校理科の「生命」領域は，従前と同様に，生命や地球に関する自然の事物・現象を対象としている「第2分野」を構成する領域の1つとして位置付けられている。「生命」領域は，「生物の構造と機能」，「生命の連続性」，「生物と環境の関わり」の3つの概念に分けられ，内容の系統性が確保された内容構成となっている。

（1）いろいろな生物とその共通点（第1学年）

　第1学年では，「生物の観察と分類の仕方」と「生物の体の共通点と相違点」が，「生物の構造と機能」の概念に関係付けられている。「生物の観察と分類の仕方」では，様々な環境の中にそれぞれ特徴のある生物が生活していることを見いださせ，それらの生物が分類できること，「生物の体の共通点と相違点」では，身近な動植物の外部形態の観察で見いださせた共通点や相違点に基づいて，動植物の体の基本的なつくりを理解することが目指されている。

（2）生物の体のつくりと働き（第2学年）

　第2学年では，「生物と細胞」，「植物の体のつくりと働き」，「動物の体のつくりと働き」が，「生物の構造と機能」及び「生命の連続性」の概念に関係付けられている。「生物と細胞」では，全ての生物が細胞からできていること，植物と動物の細胞のつくりの特徴を見いだして理解させること，「植物の体のつくりと働き」では，植物の葉，茎，根の観察，実験を通して，植物の生命を維持する仕組みについて理解させること，「動物の体のつくりと働き」では，動物の消化，呼吸及び血液循環や外界の刺激に対する反応についての観察や実験を通して，体内の各器官，器官系，感覚・運動器官などの働きにより動物が生命活動を維持する仕組みについて理解することが目指されている。

（3）生命の連続性及び自然と人間（第３学年）

　第３学年では，まず，「生物の成長と殖え方」，「遺伝の規則性と遺伝子」，「生物の種類の多様性と進化」が，「生命の連続性」の概念に関係付けられている。「生物の成長と殖え方」では，細胞分裂や生物の殖え方について，「遺伝の規則性と遺伝子」では，染色体にある遺伝子を介して親から子へ形質が伝わること及び分離の法則について，「生物の種類の多様性と進化」では，現存の多様な生物は長い時間の経過の中で変化して生じてきたものであることを理解することが目指されている。

　次に，「生物と環境」及び「自然環境の保全と科学技術の利用」が，「生物と環境の関わり」の概念に関係付けられている。「生物と環境」では，自然界のつり合いを理解させ，環境保全及び地域の自然災害について認識させること，「自然環境の保全と科学技術の利用」では，自然環境の保全と科学技術の利用の在り方の科学的な考察を通して，持続可能な社会の構築の重要性を認識することが目指されている。

２．中学校理科の「生命」領域の特徴

　中学校理科の「生命」を柱とする領域では，生命に関する自然の事物・現象を「細胞〜個体〜生態系レベル」において，主として共通性・多様性の視点で捉えることが特徴的な見方（視点）となっている。小学校段階では，見える（可視）「個体〜生態系レベル」を扱うが，中学校段階では，見えない（不可視）「細胞」レベルまで，高等学校段階ではさらに，見えない（不可視）「分子」レベルまで，内容の階層性が広がっていく。2017（平成29）年の学習指導要領改訂では，内容の系統性の確保とともに，育成を目指す資質・能力とのつながりを意識した構成，配列となるように内容が改善された。

参考文献

文部科学省（2018）『中学校学習指導要領（平成29年告示）解説　理科編』学校図書.

（山本容子）

Q5　中学校理科の「地球」領域の内容構成と特徴について述べなさい

1．新学習指導要領における「地球」領域の内容構成

「地球」領域の内容構成は，「地球の内部と地表面の変動」，「地球の大気と水の循環」，「地球と天体の運動」の３つに整理される。

（1）地球の内部と地表面の変動（第１学年）

① 　身近な地形や地層，岩石の観察

　生徒の身近に存在する地形や地層，ならびに岩石の観察を行う。

② 　地層の重なりと過去の様子

　地層の重なり方の特徴を観察し，過去の様子について推定する。

③ 　火山と地震

　火山活動と火成岩や地震の伝わり方と地球内部の働きについて学ぶ。

④ 　自然の恵みと火山災害・地震災害

　旧学習指導要領（平成20年告示）で，第３学年で学習していた自然の恵みと火山災害・地震災害について，防災の観点を踏まえて学ぶ。

（2）地球の大気と水の循環（第２学年）

① 　気象観測

　気象要素の圧力については，旧学習指導要領における第１学年のエネルギー分野から移行したもので，日常的な気象観測を中心に学ぶ。

② 　天気の変化

　霧や雲の発生，前線の通過と天気の変化について学ぶ。

③ 　日本の気象

　日本の天気の特徴，大気の動きと海洋の影響について学ぶ。

④ 　自然の恵みと気象災害

　旧学習指導要領で，第３学年で学習していた自然の恵みと気象災害について，防災の観点を踏まえて学ぶ。

（3）地球と天体の運動（第3学年）

① 天体の動きと地球の自転・公転

日周運動と自転，年周運動と公転について学ぶ。

② 太陽系と恒星

太陽の様子，惑星と恒星及び，月や金星の運動と見え方について学ぶ。

2．防災教育との関連（新学習指導要領の特徴）

　自然の恵み及び火山災害と地震災害を調べる場合は，例えば，大学などの防災研究機関，気象庁や地方の気象台などから情報を入手することが考えられる。さらに，図書館，博物館，科学館，ジオパークなどを利用したり，空中写真や衛星画像，情報通信ネットワークを通して得られる多様な情報を活用したりすることが重要である。

　また，気象現象は，住みよい環境や水資源などの恩恵をもたらしていることを調べさせ，自然が人々の豊かな生活に寄与していることに気付かせる。また，資料などを基に，台風や前線などによる大雨・大雪や強風による気象災害について調べさせ，天気の変化や日本の気象と関連付けて理解させる。例えば，台風について扱う場合は，被害をもたらした過去の台風の特徴を取り上げるとともに，台風の進路に基づいて強風や高潮などによる災害の発生した状況を整理させる学習が考えられる。また，洪水について扱う場合は，気象庁が発表する各種情報や警報などを取り上げるとともに，洪水の記録や資料などから災害を起こした大雨，融雪などの特徴，浸水地域と土地の特徴などを整理させる学習が考えられる。

参考文献

文部科学省（2018）『中学校学習指導要領』東山書房.

文部科学省（2018）『中学校学習指導要領（平成29年告示）解説　理科編』
　　学校図書.

（柳本高秀）

Q6　高等学校理科の「エネルギー」領域の内容構成と特徴について述べなさい

1．学習指導要領における「エネルギー」領域の改訂について

　エネルギー領域は，2018（平成30）年告示の高等学校学習指導要領においても，従来の通り，小学校理科，中学校理科，そして高等学校の基礎を付した科目の中で，系統的に内容が組み立てられている点について，引き継がれている。この改訂において，もっとも注意を払うべき点があるとすれば，「科学的に探究するために必要な資質・能力を育成する観点」である。

2．学習指導要領における「エネルギー」の内容構成

　学習指導要領理科における「エネルギー」は，「エネルギーの捉え方」，「エネルギーの変換と保存」，「エネルギー資源の有効利用」の3つの系統の内容構成となっている。この構成は，単に知識や概念を理解することだけが目的ではなく，その「内容の系統性の確保とともに，育成を目指す資質・能力とのつながりを意識した構成，配列となるように，改善・充実した」ものとなっている。

3．高等学校『物理基礎』における「エネルギー」の内容構成と特徴

　高等学校理科におけるほとんどの科目で，「エネルギー」についての言及がなされているが，その「エネルギー」を柱としている科目は，『物理基礎』であり，『物理基礎』はその「目標」，「内容」，「内容の取扱い」まで，一貫して，「エネルギー」についての学習を展開する構成となっている。

　その目標は「物体の運動と様々なエネルギーに関わり，理科の見方・考え方を働かせ，（中略）科学的に探究するために必要な資質・能力を次のとおり育成することを目指す」とされ，「日常生活や社会との関連を図りながら，

（中略）理解する」と記されている。

　内容面では，物体の運動とエネルギーにおいて，系統的な学習に力点が置かれている。この中で「エネルギーの捉え方」を学ぶとともに，力学的エネルギーの学習を通じて，「熱」や「波」，そして「電気」，「エネルギーの変換と保存」へとつながる配列が特徴として挙げられる。さらに，これらの内容を学んだ後に，「エネルギーとその利用」及び「物理学が拓く世界」へと学習をつなげていくことで，「エネルギー資源の有効利用」について探究的に学ぶことができるように配列が工夫されている。

　全ての内容においては，エネルギーを中心的な概念として，日常生活や社会と関連付けて理解していくことが求められているが，それと同時に大切なことは，「観察，実験などを通して探究し，【規則性，関係性，特徴など】を見いだして表現すること」を通じて，思考力，判断力，表現力を育成するとともに，「主体的に関わり，科学的に探究しようとする態度」を育成し，学びに向かう力，人間性等を育てることである。

4．「エネルギー」領域を扱う際の注意事項

　学習指導要領総則に記載されている，持続可能な社会の創り手となることが生徒たちに期待されている点を考慮すると，エネルギーについて主体的に探究させることは，積極的に推奨されるべきテーマの１つである。エネルギーの問題は，理科全体をつなぐ大きな柱であり，米国の科学教育の中でも大きな位置付けがなされている。また，高等学校理科のすべての科目に関わる問題であると同時に，全教科とも連携を取ることができ，小学校から続けて探究し続けることができるテーマでもあるため，実験・観察を中心とした指導においては，様々な観点から取り組むことが可能である。

参考文献

大高泉編（2013）『新しい学びを拓く理科 —— 授業の理論と実践』ミネルヴァ書房.

（松原大輔）

Q7　高等学校理科の「粒子」領域の内容構成と特徴について述べなさい

1．高等学校理科の「粒子」領域の内容構成

　「粒子」領域の基盤となる学問としての化学は，物質を総合的に探究する自然科学の一分野である。観察，実験を通して，物質の構造や性質，反応を原子・分子レベルで理解し，物質に関する規則性や関係性を見いだすとともに，その知識を生かして物質を利用したり目的にかなった物質をつくりだしたりする。人間の日常生活に深く関わるとともに，未来に対しても大きな役割を担っている。小学校・中学校理科の「粒子」領域の学習に連なる，高等学校理科の科目「化学基礎」と「化学」の内容は，このような化学の特徴を踏まえて構成されている。

（1）「化学基礎」の内容構成

　「化学基礎」の内容は，中学校理科との関連を考慮し，「(1) 化学と人間生活」，「(2) 物質の構成」，「(3) 物質の変化とその利用」の大項目で構成されている。まず，身近な物質の性質を調べる活動を通して学問としての化学の特徴を捉えるとともに，実験における基本操作と物質を探究する方法を学び，化学の学習に対する動機付けを図る。次に，物質を科学的な視点で捉えることができるよう，物質を構成する粒子の性質と化学結合に焦点を当てる。そして，物質の変化の捉え方と表し方を学び，化学反応の具体として酸・塩基，酸化・還元を導入する。学習した事項が日常生活や社会を支える科学技術と結びついていることを，具体的な事例を通して理解する。

（2）「化学」の内容構成

　「化学」の内容は，中学校理科及び「化学基礎」との関連を図りつつ，「(1) 物質の状態と平衡」「(2) 物質の変化と平衡」「(3) 無機物質の性質」「(4) 有機化合物の性質」「(5) 化学が果たす役割」の大項目で構成されている。まず，物質の性質や変化を，物質の構造や結合，エネルギーなどと関連させ

て理解する。次に，これまでに学んだ化学の概念や原理・法則を活用しながら，無機物質，有機物質，高分子化合物の特徴や性質を，具体的な物質をもとに理解する。最後に，化学が果たす役割について，様々な物質がそれぞれの特徴を生かして人間生活の中で利用され日常生活や社会を豊かにしていること，化学の成果が利用され未来を築く新しい科学技術の基盤となっていることを，具体的な事例を通して理解する。

２．高等学校理科の「粒子」領域の特徴

　化学が過去，現在，未来にわたって私たちの生活や社会と深く関わる中で，健康で安全な生活を送るため，また人類の未来を開拓していくために，身の回りの物質を原子・分子などの微視的な振る舞いの視点から理解しようとする力を身に付けることは不可欠となっている。高等学校理科の「粒子」領域は，化学の基本となる概念や原理・法則の学習，無機物質と有機化合物に関する系統的な学習，人間生活や科学技術との関わりについての学習で構成されている。化学の基本となる概念や原理・法則を，物質の示す具体的な振る舞い，性質や反応と常に結び付けて理解するとともに，物質の新しい事象の解釈に応用したり変化の結果を予測したりするために活用する。観察，実験の実施など，探究の過程を踏まえた学習活動により，マクロな世界，ミクロな世界，記号の世界を往還しながら，物質のすがたの理解を図っている。

参考文献・URL

文部科学省（2019）『高等学校学習指導要領（平成30年告示）解説　理科編』実教出版.

日本学術会議 化学委員会 化学分野の参照規準検討分科会（2019）「大学教育の分野別質保証のための教育課程編成上の参照規準　化学分野」 http://www.scj.go.jp/ja/info/kohyo/pdf/kohyo-24-h190221.pdf （2020年5月30日閲覧）.

（三好美織）

Q8　高等学校理科の「生命」領域の内容構成と特徴について述べなさい

1．高等学校理科の「生命」領域の内容構成

　高等学校学習指導要領（平成30年告示）において，高等学校理科の「生命」領域は，生物や生物現象に関わる基礎的な内容を扱う「生物基礎」科目，及び，生物や生命現象を更に深く取り扱う「生物」科目からなる。「生命」領域は，「生物の構造と機能」，「生命の連続性」，「生物と環境の関わり」の3つの概念に分けられ，内容の系統性が確保された内容構成となっている。

（1）「生物基礎」科目の内容構成

　「生物基礎」の内容は，2009（平成21）年の学習指導要領の改訂で，近年の生命科学の急速な進歩を反映した内容を取り入れ，学習内容の再構築が行われたが，2018（平成30）年の改訂では，その学習内容を基本的に踏襲しつつ改善が図られた。具体的には，「生物の特徴」（生物の共通性と多様性，生物とエネルギー，遺伝情報とDNA，遺伝情報とタンパク質の合成），「ヒトの体の調節」（神経系と内分泌系による情報の伝達，体内環境の維持の仕組み，免疫の働き），「生物の多様性と生態系」（植生と遷移，生態系と生物の多様性，生態系のバランスと保全）の3つの大項目から構成されている。生物としての共通の特徴，ヒトという動物の生理，生物の多様性に着目した生態系など，ミクロ（分子）レベルからマクロ（生態系）レベルまでの領域を学ぶように，また，人間の活動と環境との関連や健康に対する認識を深めるよう構成されている。

（2）「生物」科目の内容構成

　「生物」の内容も，「生物基礎」と同様に2009年の学習指導要領の改訂時に学習内容の再構築が行われたが，2018年の改訂では，その学習内容を基本的に踏襲しつつ改善が図られた。具体的には，今回改訂では進化の視点を重視し，「生物の進化」（生命の起源と細胞の進化，遺伝子の変化と進化の仕

組み，生物の系統と進化），「生命現象と物質」（細胞と分子，代謝），「遺伝情報の発現と発生」（遺伝情報とその発現，発生と遺伝子発現，遺伝子を扱う技術），「生物の環境応答」（動物の反応と行動，植物の環境応答），「生態と環境」（個体群と生物群集，生態系）の５つの大項目から構成されている。「生物基礎」と同様に，ミクロ（分子）レベルからマクロ（生態系）レベルまでの領域を学ぶように，生物や生物現象を分子の変化や働きを踏まえて扱う内容，動物や植物について個体レベルで見られる現象やその仕組み，進化や生態など生物界全体を外観する内容から構成されている。

２．高等学校理科の「生命」領域の特徴

「生物基礎」，「生物」の両科目は，小・中学校理科の「生命」を柱とする領域と同様に，主として共通性・多様性の視点で捉えることが特徴的な見方（視点）となっているが，高等学校段階ではさらに，見えない（不可視）「分子」レベルまで，内容の階層性が広がっているのが特徴的である。

「生物基礎」の特徴は，生物や生物現象に関わる基礎的な内容を扱い，日常生活や社会との連携を図りながら，生物や生物現象について理解することが目指されている点にある。そして，「生物」の特徴は，多様でありながら共通性が見られる生物や生物現象には多くの生物的・非生物的要因が関与し，これらが生物の進化によるものであることについて理解することが目指されている点にある。さらに，「生物基礎」，「生物」の両科目とも，2018年の改訂で，内容の系統性の確保とともに，育成を目指す資質・能力とのつながりを意識した構成，配列となるように内容が改善されており，科学的に探究する力と態度を育成することが目指されている。

参考文献

文部科学省（2019）『高等学校学習指導要領（平成30年告示）解説　理科編　理数編』実教出版.

（山本容子）

Q9　高等学校理科の「地球」領域の内容構成と特徴について述べなさい

1．地学基礎の内容構成

　地学基礎は「地球のすがた」及び「変動する地球」の大項目から構成されている。特に，現在の地球のすがたを時間的な視点や空間的な視点で捉えさせるために「地球のすがた」を設けている。さらに，地球は誕生から現在に至るまで変動を続けている。その変動の歴史と仕組みを理解させるために「変動する地球」を設けている。

（1）地球のすがた

① 惑星としての地球

　地球の形と大きさや，地球内部の層構造について学ぶ。

② 活動する地球

　プレートの運動や，火山活動と地震発生の仕組みについて学ぶ。

③ 大気と海洋

　地球の熱収支や，大気と海水の運動について学ぶ。

（2）変動する地球

⑴ 地球の変遷

　宇宙，太陽系と地球の誕生や，古生物の変遷と地球環境について学ぶ。

② 地球の環境

　地球環境の科学や，日本の自然環境について学ぶ。

2．地学の内容構成

　地学は「地球の概観」，「地球の活動と歴史」，「地球の大気と海洋」，「宇宙の構造」の４つの大項目から構成されている。『高等学校学習指導要領解説理科編・理数編』では，「科学の急速な進展によって変化した地球観や宇宙観も踏まえ，地球のすがたについての内容，現在及び地質時代の地球の変動に

関する内容，大気と海に関する内容，宇宙に関する内容など，身近な環境から宇宙全体にまで至る様々な時間的・空間的スケールにわたる内容を学ぶように構成されている。また，自然災害の要因となる自然現象を扱う際には，自然災害についても」触れられている。

（1）地球の概観

① 地球の形状　② 地球の内部

（2）地球の活動と歴史

① 地球の活動　② 地球の歴史

（3）地球の大気と海洋

① 大気の構造と運動

② 海洋と海水の運動

（4）宇宙の構造

① 太陽系

② 恒星と銀河系

③ 銀河と宇宙

３．探究の過程との関係（新学習指導要領における特徴）

　地学基礎の学習では探究の一部，地学の学習では探究の全ての学習過程を経験させることが新学習指導要領で示されている。学習指導要領解説では，情報の収集，仮説の設定，実験の計画，野外観察，調査，データの分析・解釈，推論などの探究の方法を学習内容の特質に応じて適宜取り上げ，具体的な課題の解決の場面でこれらの方法を用いることができるよう扱う必要があると記載されている。

参考文献
文部科学省（2019）『高等学校学習指導要領』東山書房．

文部科学省（2019）『高等学校学習指導要領（平成30年告示）解説　理科編・理数編』実教出版

（柳本高秀）

Q10　高等学校「科学と人間生活」科目の内容構成と特徴について述べなさい

1.「科学と人間生活」科目の性格と内容構成

「科学と人間生活」の性格は学習指導要領において次のように示されている（文部科学省，2019, p.27）。

> 「科学と人間生活」は，中学校までに学習した内容を基礎として，自然に対する理解や科学技術の発展がこれまで私たちの日常生活や社会にいかに影響を与え，どのような役割を果たしてきたかについて，…（略）…科学に対する興味・関心を高め，科学的に探究するために必要な資質・能力を育成するという点に特色をもつ科目である。

この中の「自然に対する理解や科学技術の発展がこれまで私たちの日常生活や社会にいかに影響を与え，どのような役割を果たしてきたかについて」中心的に扱うことが，高等学校理科の他の科目との大きな違いである。

「科学と人間生活」は，「(1) 科学技術の発展」，「(2) 人間生活の中の科学」，「(3) これからの科学と人間生活」の3つの大項目で次のように構成されている（文部科学省，2019）。

「(1) 科学技術の発展」では，情報伝達，交通，防災，医療，エネルギーや資源の有効利用，衣食住環境などの身近な科学技術について，時代とともにどのように発展し，人間性の生活を豊かにしてきたかについて扱う。

「(2) 人間生活の中の科学」では，人間生活の中の科学について，「光や熱の科学」，「物質の科学」，「生命の科学」，「宇宙や地球の科学」を扱う。また，これらの項目ではそれぞれ㋐と㋑の小項目から，いずれかを選択して学ぶことになっている。例えば，「物質の科学」においては，「㋐材料とその再利用」，「㋑衣料と食品」の小項目があり，生徒の興味・関心もしくはキャリ

ア教育等と関連付けながら，履修をすることも可能となっている。

「(3) これからの科学と人間生活」では，自然と人間生活との関わり及び科学技術と人間生活との関わりについての学習を踏まえて，課題を設定し，探究する内容となっている。このため，「(2) 人間生活の中の科学」で学習した個々の内容に関する課題や，複数の領域を横断した課題を探究することが求められている。この課題の具体例については，学習指導要領解説中に複数示されているため，そちらを参照されたい（文部科学省，2019, pp.42-43）。

2．「科学と人間生活」科目の指導上の留意点

以上見てきたように「科学と人間生活」では，身近な科学技術を取り上げることにより興味・関心を高めたり，理科学習や科学の有用性を認識することによって理科学習への動機づけを高めたりすることを意図していることがわかる。しかしながら，このような視点による取組は一定の効果がみられるものの，科学技術の内容と日常生活との関連から理科を学ぶ意義や有用性を認識するだけでは，学習者の理科学習への動機づけは十分に向上しない可能性があることも示唆されている（西内・川崎，2017）。これは，それらを学ぶことが自分にとってどのような価値があるかを学習者自身が実感しにくいためである。このため，科学技術を取り上げる際には，科学技術の内容と併せて科学の方法や探究の能力についても着目し，科学の方法や探究の能力は科学者だけでなく，自分自身が生活していく上で有用となることを理解させる指導を行うことも重要である。

参考文献

文部科学省（2019）『高等学校学習指導要領（平成30年告示）解説　理科編　理数編』実教出版.

西内舞・川崎弘作（2017）「理科学習の意義の認識が動機づけに及ぼす影響に関する研究—— 自己決定理論における動機づけに着目して」『日本教科教育学会誌』40（1），59-68.

（川崎弘作）

Q11　高等学校「理数探究」科目の内容構成と特徴について述べなさい

1．教科「理数」の新設と科目構成

　理数探究は，高等学校学習指導要領（平成30年告示）で新設された各学科に共通する教科「理数」（以下，理数科）に設置された科目である。理数科は，数学的な見方・考え方や理科の見方・考え方を豊かな発想で活用したり，組み合わせたりしながら，探究的な学習を行うことを通じて，新たな価値の創造に向けて粘り強く挑戦する力の基礎を培うことを基本原理としている。科目構成は，「基礎を学ぶ段階」（理数探究基礎；1単位）と「探究を進める段階」（理数探究；2〜5単位）となっており，目標や内容が段階的に構成されているため，理数探究基礎，理数探究の順の履修が想定されている。また，理数科の履修により，総合的な探究の時間の履修と同等の成果が期待される場合，理数科の履修を総合的な探究の時間の一部または全部に替えることができる。理数に関する学科では，理数探究は必履修となる。なお，理数科の新設に伴い，理科課題研究，数学活用などは廃止された。

2．理数探究の目標と内容構成

　理数探究の目標は，「様々な事象に関わり，数学的な見方・考え方や理科の見方・考え方を組み合わせるなどして働かせ，探究の過程を通して，課題を解決するために必要な資質・能力」の育成である。「知識及び技能」についての指導内容は，(ｱ) 探究の意義についての理解，(ｲ) 探究の過程についての理解，(ｳ) 研究倫理についての理解，(ｴ) 観察，実験，調査等についての技能，(ｵ) 事象を分析するための技能，(ｶ) 探究の成果などをまとめ，発表するための技能の6点が，「思考力，判断力，表現力等」についての指導内容は，(ｱ) 多角的，複合的に事象を捉え，課題を設定する力，(ｲ) 数学的な手法や科学的な手法などを用いて，探究の過程を遂行する力，(ｳ) 探究の過程

を整理し，成果などを適切に表現する力の3点が示されている。なお，理数探究基礎では，これら指導内容の基本的な知識及び技能や，課題を設定するための基礎的な力などの思考力，判断力，表現力等を探究の過程を通して養う。

3．理数探究の特徴

　理数探究は，理数探究基礎で身に付けた資質・能力を活用して，生徒自らが課題を設定して，主体的に探究の過程を遂行し，その成果を報告書にまとめるなどの活動を通じて，前述の指導内容で示された資質・能力をより高めていくことが特徴となっている。生徒が自らの知的好奇心や興味・関心に基づいて研究課題を設定するため，結果として数学や理科に加えて社会科学や人文科学，学際的領域など様々な課題が設定されることも考えられる。課題は様々であれ，その課題を数学的な手法や科学的な手法を用いて探究することが重要で，数学または理科の教員が中心となって指導を行う。一方，研究の質を高めるため複数の教科の教師が関連する分野の指導に加わる体制も必要であり，場合によっては大学の研究者など専門家からの助言や協力も想定する。特に生徒の課題研究を通じて資質・能力を育成するため，見通しをもった課題の設定や無理のない研究計画となるよう指導が必要である。また，日々の研究を適切に記録させ，探究の各過程，中間発表，まとめの発表など，探究の過程を振り返る複数の機会を設け，意見交換や議論を通して探究の質の向上を図る活動が資質・能力をより高めるために重要となる。

参考文献
文部科学省（2019）『高等学校学習指導要領（平成30年告示）解説　理科編　理数編』東京書籍.

（山下雅文）

Q12　中学校理科と小学校理科の関係と接続の仕方について述べなさい

　中学校理科と小学校理科の関係と接続の仕方について「教科の目標」,「内容」,「理科の見方・考え方」の3つの系統性の観点から述べる。

1.「教科の目標」における中学校理科と小学校理科の系統性

2017（平成29）年改訂中学校学習指導要領　理科の「教科の目標」

> 　自然の事物・現象に関わり,理科の見方・考え方を働かせ,見通しをもって観察,実験を行うことなどを通して,自然の事物・現象を科学的に探究するために必要な資質・能力を次のとおり育成することを目指す。
> （1）自然の事物・現象についての理解を深め,科学的に探究するために必要な観察,実験などに関する基本的な技能を身に付けるようにする。
> （2）観察,実験などを行い,科学的に探究する力を養う。
> （3）自然の事物・現象に進んで関わり,科学的に探究しようとする態度を養う。

2017（平成29）年改訂小学校学習指導要領　理科の「教科の目標」

> 　自然に親しみ,理科の見方・考え方を働かせ,見通しをもって観察,実験を行うことなどを通して,自然の事物・現象についての問題を科学的に解決するために必要な資質・能力を次のとおり育成することを目指す。
> （1）自然の事物・現象についての理解を図り,観察,実験などに関する基本的な技能を身に付けるようにする。

（2）観察，実験などを行い，問題解決の力を養う。
（3）自然を愛する心情や主体的に問題解決しようとする態度を養う。

※圏点は中学校理科と小学校理科で記述が異なる部分。筆者による。

　学習指導要領に記載されている「教科の目標」を比べると，中学校理科と小学校理科では，内容がよく似ていることがわかる。この「教科の目標」の共通部分から，理科という教科の普遍的な部分が見えてくる。また，相違部分を見ることにより，小中の系統性を捉えることができる。

（1）「教科の目標」の共通部分

　小中理科の「教科の目標」の共通部分をみると，理科は「理科の見方・考え方を働かせ，見通しをもって観察，実験を行うことなどを通して」「資質・能力を」「育成することを目指す」教科であることがわかる。このことについては，教科の普遍的な部分なので，小学校，中学校ともに意識して理科の授業づくりを考えていく必要がある。つまり，小学校においても中学校においても，理科の授業を行う際に，教師は，「子どもが理科の見方・考え方を働かせることができる授業」，「子どもが見通しをもちながら観察・実験を行う授業」，「子どもが理科の資質・能力を身に付けることができる授業」になっているかを常に振り返りながら，授業づくりをしなければならないということである。

（2）「教科の目標」の相違部分

　小中学校の「教科の目標」を概観すると，相違部分は大きく2点ある。1点目は，中学校は「自然の事物・現象に関わる」のに対し，小学校は「自然に親しむ」ということである。2点目は，中学校は「科学的に探究する」のに対し，小学校は「問題解決」するということである。

① 「自然の事物・現象に関わる」と「自然に親しむ」

　理科の学習は，自然の事物・現象に関わることから始まる。特に小学校では，学習の対象が五感を通して体験できるものであることが多い。そのため，小学校では「自然に親しむ」という表現を使い，自然との直接的な関わ

54

りの重要性を示していると考えられる。平成30年度全国学力・学習状況調査
では，「理科の勉強は好き」，「理科の授業はよく分かる」の肯定的回答の割
合が小学生より，中学生の方が低くなっており，中学校は小学校に比べ，理
科に対する意欲も理解度も低下していることがわかる。この結果は，中学校
では，学習内容が小学校に比べ，自然と直接関わる機会が減少し，内容が抽
象的になることと少なからず関係があると考えられる。そのため，中学校に
おいても，生徒の実態に応じて，できる限り自然との直接的な関わりを意識
しながら授業づくりを進め，理科の学習に対する意欲を喚起したり，理解を
深めたりしていく必要がある。

② 「科学的に探究する」と「問題解決」

　一般的に，理科における学習過程は，中学校の理科では「探究の過程」と
呼ばれ，小学校では「問題解決の過程」と呼ばれている。中学校学習指導要
領（平成29年告示）解説　理科編（以下，学習指導要領解説）には，「資質・
能力を育むために重視すべき学習過程のイメージ（高等学校基礎科目の例）」
が載っており，小中学校においても「基本的には高等学校の例と同様の流れ
で学習過程を捉えることが必要である」と記載されている。このことから，
基本的に小学校の「問題解決の過程」と中学校の「探究の過程」はほぼ同じ
ものであると考えることができる。あえて「問題解決の過程」と「探究の過
程」の違いは何かと考えるならば，小学校においては，身近な自然の中から
児童が自らの素朴な疑問を課題として設定し，その解決を目指すのに対し
て，中学校においては，課題を設定後，その解決を目指すだけでなく，その
結果から法則を見いだしたり，概念化を行ったりする。この点が「問題解決
の過程」と「探究の過程」の違いといえるかもしれない。

　子どもたちが主体的に理科の学習を進められるようになるためには，子ど
もたちが理科の学習過程を理解することが必要となる。そのため，中学校で
は，小学校で行ってきた「問題解決の過程」を振り返らせつつ，生徒自らが
「探究の過程」に沿って学習を進めることができる力を身に付けさせていく
ことが大切である。

2. 「内容」の系統性

　理科における内容の系統性は，学習指導要領解説にある「内容の構成」に整理されている。理科の内容は，小中の理科の系統性を図るねらいから，大きく「エネルギー」，「粒子」，「生命」，「地球」の４つの基本的科学概念を柱とする領域に分け，さらにそれぞれの領域を３～４の下位領域に分け，小中における学習内容がどこに位置づくかを示すことにより，小中の学習内容のつながりを意識して授業づくりを行えるようになっている。

　学校現場では，これらの系統性を意識して学習を進めることが重要である。中学校の学習内容と関連のある小学校の学習内容を把握しておき，適切に小学校で学習した内容を想起させることにより，小学校で学習した内容を根拠としながら仮説を立てることができるなど，科学的な思考力も育成されることが期待できる。

3. 「理科の見方・考え方」の系統性

　「2.『内容』の系統性」で述べたように理科の内容は小中通じて４つの領域で整理されている。また，理科の見方についてもこの４つの領域それぞれに特徴的な見方が示されている。また，理科の考え方については，小学校では，第３学年で「比較」，第４学年で「関係付け」，第５学年で「条件制御」，第６学年で「多面的に考えること」と学年を通して主に働かせる見方が示されている。そのため，中学校においては，小中の系統性を考える際に，内容のつながりだけでなく，その内容で生徒が小学生のとき，どのように見方・考え方を働かせたのかを把握しておくことが大切である。中学校の授業では，小学校で働かせた見方・考え方を想起させながら学習を進めるとともに，少しずつ，教師が援助しなくても理科の見方・考え方を生徒自らが自在に働かせられるように指導を行っていくことが求められる。このことによって，理科の見方・考え方を働かせて資質・能力を育成するという理科の目標が達成されることになるのである。

参考文献

文部科学省（2018a）『小学校学習指導要領（平成 29 年告示）』東洋館出版社.

文部科学省（2018b）『中学校学習指導要領（平成 29 年告示）』東山書房.

文部科学省（2018c）『小学校学習指導要領（平成 29 年告示）解説　理科編』東洋館出版社.

文部科学省（2018d）『中学校学習指導要領（平成 29 年告示）解説　理科編』学校図書.

国立教育政策研究所（2018）『平成 30 年度全国学力・学習状況調査　質問紙調査』　https://www.nier.go.jp/18chousakekkahoukoku/report/data/18qn.pdf

（玉木昌知）

Q13　中学校理科と高等学校理科の関係と接続の仕方について述べなさい

1．学習指導要領における理科の目標について

　高等学校学習指導要領（平成30年告示）解説　理科編　理数編（以下，解説）においては，2016（平成28）年12月の中央教育審議会答申の要旨の中で，理科の目標の在り方としてPISA（OECD生徒の学習到達度調査）2015及びTIMSS（IEA国際数学・理科教育動向調査）2015の結果を受け，「観察・実験の結果などを整理・分析した上で，解釈・考察し，説明すること」を課題とし，理科における「見方・考え方」について，「自然の事物・現象を，質的・量的な関係や時間的・空間的な関係などの科学的な視点で捉え，比較したり，関係付けたりするなどの科学的に探究する方法を用いて考えること」と具体的に示し，目標として示している。この目標は，中学校及び高等学校に共通するものである。

2．学習指導要領における内容構成

　理科の学習において，中学校理科と高等学校理科の関係について最も重要な接続点は，高等学校理科で基礎を付された科目である。前回の学習指導要領においても示された，「科学の基本的な概念」としての「エネルギー」，「粒子」，「生命」，そして「地球」についての内容構成としての4本柱が，小学校理科，中学校理科，そして高等学校理科の中の基礎を付した科目を貫く構成になっている。これら4つの概念は，高等学校理科において「エネルギー」については「物理基礎」，「粒子」については「化学基礎」，「生命」については生物基礎，そして「地球」については「地学基礎」と関連付けられる。一方で，中学校理科においては，「エネルギー」と「粒子」が「理科第1分野」，「生命」と「地球」が「理科第2分野」と関連付けられている。これらの「科学の基本的な概念」については，解説において「小学校，中学

校，高等学校の一貫性に十分配慮するとともに，育成を目指す資質・能力，内容の系統性の確保，国際的な教育の動向などにも配慮して内容の改善及び充実を図った（p.13）」とあり，単に内容の系統性だけでなく，育成すべき能力と関連付けるとともに，国際的な教育の動向，特にPISAやTIMSSといった国際比較テストの結果とともに，STEM教育など世界的な教育の動向に気を配る必要がある。

3．「エネルギー」領域の扱い

　先の「エネルギー」の概念は，具体的には「エネルギーの捉え方」，「エネルギーの変換と保存」，「エネルギー資源の有効利用」の3つの下位概念に分類される。中でも，「エネルギーの捉え方」は，中学校理科と高等学校理科をつなぐうえで，もっとも多くの時間が割かれており，物理学的には「力学」「熱力学」，そして「電磁気」と強く関連付けられている。これらの内容を通じて，「エネルギーの捉え方」を学ぶとともに，「エネルギーの変換と保存」について，探究的に学ぶなどの工夫が求められる。光エネルギーを光電池によって電力に変え，歯車を回すなど，様々な実験活動や，熱機関の原理や発達など様々な方略が考えられるが，それらが単に決められた過程で終わるものではなく，子どもたちが主体的に探究し，周囲と議論しながら，内容を含めていく過程で「エネルギー」という概念を言語化して扱うことで，理解を深めていくことが肝要である。さらに，物理基礎においては，水力発電，火力発電，原子力発電などについて，電気エネルギーと関連させて学ぶことで，社会的な問題についても，持続可能な社会に向けて議論することも必要である。

4．「粒子」領域の扱い

　次に，「粒子」については，「粒子の存在」，「粒子の結合」，「粒子の保存性」，「粒子の持つエネルギー」の4つの下位概念に具体的に分類され，理科の見方・考え方として，この領域では「自然の事物・現象を主として質的・実体的な視点で捉えること」を特徴的な視点としている。ただし，「エネル

ギー」と異なり，中学校理科までは「溶解度」や「状態変化」，そして「イオン」などの説明に使われていた「粒子」という表現は，基礎を付した科目においても引き続き「状態変化」，「物質の構成粒子」，「溶解平衡」，「物質量」などの説明において用いられるが，徐々に原子や分子，イオンなどといった用語での記述が中心となるため，用語に捉われすぎずに指導していくことも肝要である。

　具体的には，「粒子の存在」は，私たちの身の回りの物質が原子や原子が結合した分子などから成り立っていること，そしてこれら粒子の数が変わらないという保存性について学ぶこと，さらには，それら「粒子の動き」が状態変化など身の回りの現象と関係することなどを，中学校，高等学校を通じて理解を深めさせることが目標となっている。それと同時に「粒子の結合」については，イオンが中学校の理科に復活したことを踏まえ，電子の授受など一歩踏み込んだ指導が可能となってはいるため，中学校及び高等学校の化学基礎を通じて電子の取り扱いについての理解を深める指導が必要となる。「粒子の保存性」については，物質の三態において質量が保存されるといった内容だけでなく，水溶液の作成や，化学変化の実験などを経ても，その前後で質量が変化しないことを探究し，理解させることが大切である。最後の「粒子の持つエネルギー」に関しては，粒子が持つ運動エネルギーと状態変化の関係について，実験などを通じて気体の膨張などにも触れながら指導するなど工夫が求められる。

5．「生命」領域の扱い

　3つ目の「生命」についての取り扱いは，先にも述べた通り中学校「理科第2分野」と「生物基礎」の間での接続が求められる。「生命」については，「生物の構造と機能」，「生命の連続性」，「生物と環境の関わり」の3つの具体的な内容が示され，この領域における理科の見方・考え方については，「生命に関する自然の事物・現象を主として共通性・多様性の視点で捉えること」を特徴としている。ただし，「生命」については，理科の分野をまたがる3つの目標の1つである「自然の事物・現象に進んで関わり，科学的に探究し

ようとする態度や生命の尊重，自然環境の保全に寄与する態度を育て，更には自然を総合的に見ることができるようにする」こととも大きく関わるため，指導においては理科第2分野または生物基礎だけにこだわらず，様々な内容において指導し，探究活動などにも積極的に取り入れることが考えられる。

6.「地球」領域の扱い

最後の「地球」領域における具体的な内容は「地球の内部と地表面の変動」，「地球の大気と水の循環」，そして「地球と天体の運動」である。ここでは，「自然の事物・現象を主として時間的・空間的な視点で捉える」が理科の見方・考え方を育てるうえでの特徴的な目標となっていることを意識する必要がある。たとえば星座や星の運行では，単に季節ごとの星座を覚えるのではなく，地球の動きと宇宙の構造から理解を深め探究していくことが必要となる。

3つの具体的内容の「地球の内部と地表面の変動」においては，中学校で学ぶ地層や火山において扱われるプレートという概念は，基礎を付した科目においても引き続き用いられる重要な概念であり，単に地層や岩石の観察で終わることなく，地球の内部構造を意識した指導が求められる。他にも「地球の大気と水の循環」の，飽和や状態変化など第1分野とも密接な部分が多い「地球」の領域では，地学基礎だけでなく化学基礎にも通じる連携が必要である。

7.中高連携における発展的取り扱い

中学校と高等学校理科の接続においては，ここでは基礎を付した科目を中心に述べてきたが，基礎を付した科目がその後に学習する「物理」，「化学」，「生物」，「地学」ともつながっていることを考慮する必要もある。近年増加傾向の中高連携の学校種においては，各学校の教育課程に様々な工夫を設けることができる。単に前倒しの教育課程ではなく，様々な探究活動を導入し，協働的な学びの実践になるような工夫が求められている。

参考文献

文部科学省（2018）『中学校学習指導要領（平成29年告示）解説　理科編』
　　東山書房．

文部科学省（2019）『高等学校学習指導要領（平成30年告示）解説　理科
　　編　理数編』実教出版．

（松原大輔）

第3章

理科の指導法

Q1 学習指導案の作成について述べなさい

　学習指導案とは，授業の展開を予想して作成された授業計画書のことである。広義には，年間の指導計画，月・週ごとの指導計画，単元の指導計画，1単位時間の指導計画等を含めた授業計画書を指すが，狭義には1単位時間の授業計画書を指す。一般には学習指導案とは狭義で使われる場合が多い。

　当然のことながら，学習指導案（1単位時間の授業設計）の作成は，年間指導計画，単元指導計画に位置付けて初めて作成が可能になる。そこで，まず年間指導計画，単元指導計画の作成について考察してから，学習指導案の作成について考える。

1．年間指導計画の作成

　年間指導計画は，地域や学校の実態，他校種の学習内容との関連，生徒の特性等を十分に考慮し，卒業までの見通しを立てたうえで内容を決定し，各内容に配当する授業時数，単元の構成及び配列等を的確に定めて作成することが大切である。

　また，毎年，見直しを行い，どの時期に，どれくらいの時間をかけて，どのように学習活動を展開するのか，またその活動を通して，どの程度まで生徒の学びを高めたいのか，具体的な学習の様子を思い描きながら計画を立てることが重要である

（1）作成に当たっての留意事項
①　学習指導要領に示された理科の目標をしっかり把握するとともに，それぞれの学校の教育目標を考慮して，学校ごとにより具体的な理科の目標を設定する。この目標を達成するためには，どのような教材を選択し，どのような手順で指導するかを考える。
②　理科学習の基本は，実験・観察である。学校の環境や季節に配慮し，実験・観察を適切に位置付け，効果的な指導法の工夫を図る。
③　中学校では小学校の学習内容，高校では中学校の学習内容を把握し，

　　生徒がどの程度の学力や技能があるのかを理解したうえで，教材のレベ
　ルや指導時間数を決定する。
④　評価については，評価規準と照らし合わせ，方法，時期，内容などが
　適切に行われるよう十分に工夫して位置付ける。

2．単元指導計画の作成

　単元とは，生徒の学習過程における学習活動の一連のまとまりであり，年
間指導計画の構成単位をなすものである。年間指導計画の単元の配列が決ま
ると，各単元の教材をどう配列し，どのような順序で，どのような方法で指
導するか，どのような実験・観察を取り入れるかなどの授業の実施計画に直
面する。これが単元指導計画の作成にほかならない。
　単元指導計画は，その単元の学習をどのように進めていくのか，「生徒の
学習の道筋はこのようです。」という流れを示す授業のロードマップである。
ロードマップであるから，目的地に向かっている生徒が今どこにいて，この
あとどこに向かうのかを示している。その生徒の考えの筋道を創り上げて行
く，つまりストーリーを創ることが，単元指導計画の作成である。

（1）作成に当たっての留意事項

①　毎時間の授業の中で生徒の考えに筋道をつくる。
　　本単元では，生徒にどのような力を付けるのか。生徒の考えや姿を思い
浮かべながら，毎時間の授業展開を考える。授業の始まりでは生徒は〜と
考えていたが，授業の終わりでは〜という考えになっている。この時間は
〜という技能を身に付け，次の時間は身に付けた技能を使って実験ができ
る。結果として単元が終わる時には，生徒は〜ということに目が向くよう
になるというような具体的な道筋をつくる。
②　1時間1時間の授業の役割をつくる。
　　本単元でねらいとする力を身に付けるために，どのような学習活動をど
のような流れで行うのか，1時間1時間の授業の役割をつくり，時系列に
組み立てる。その積み重ねで単元指導計画が出来上がる。

③　単元のつながりを考える。

　単元の授業は，その単元で終わるものではない。本単元で身に付けた力
は，以前に学んだ単元とどのような関連があるのか，次の単元へどう発展
させていくのか。そうしたことを考えることも大切である。

3．学習指導案の作成

　年間指導計画，単元指導計画の設計ができれば，次は授業をどう構築する
かという授業設計を行うことになる。すなわち，学習指導案の作成である。
　学習指導案は，授業を構想する際の設計図であり，授業を行う際には進行
表となり，実施後には，反省に基づき工夫改善し次への構想の準備となるも
のである。また，学習指導案には，単元目標や，指導上の留意点，評価の観
点など，学習指導を進めるうえで重要な内容が含まれている。必要な内容を
備え，授業や授業研究に役立つ機能的な学習指導案を作成することは，充実
した授業に直結することであり，生徒に質の高い学力を身に付けさせるため
には極めて重要である。

（1）作成に当たっての留意事項

①　単元及び本時で扱う内容を明らかにする。

　何をおいても，教師自身が指導内容を徹底的に理解することが必要であ
る。授業で知識を身に付けさせるには，様々な角度から教材研究をし，幅
広い知識を持って臨みたい。また，生徒からのあらゆる質問を想定し，広
範囲に教材研究を行うことも欠かせない。ここまで準備をすれば，授業が
より濃いものになる。教材に接してすぐに指導書を開くのではなく，主体
的に教材研究を進めるよう心掛ける。

②　生徒の実態を把握する。

　学習の主体は生徒である。指導に直接関わる生徒の実態を具体的に捉
え，その上で教材を吟味し，指導過程を工夫する必要がある。生徒の実態
がわかれば，どんな指示や発問，支援をすればよいかを考えることができ
る。それをどのような順番で，どのくらいの時間配分で行えばよいかを考
えれば，授業の流れが明らかになってくる。この段階で，生徒一人ひとり

の顔が浮かんでくれば，それだけで，もう生徒理解である。生徒一人ひとりの実態を把握することは，指導の場で最も大切なことである。

③　指導目標を明らかにする。

授業を通して，生徒にどんな力を付けたいのか，何を学ばせたいのかを明確にする。教科・科目のねらいに加えて，その教材を通して習得させる知識，技術，態度について明記する。

④　指導の重点化を図る。

限られた時間の中で指導をするのであるから，多くの内容のどれに重点を置くか，あらかじめ十分に検討する。指導内容を徹底的に研究するとともに，生徒の実態を踏まえ重点化することが大切である。

⑤　学習指導案は授業時間だけのものではない。

授業後は，学習指導案と実際の授業展開を相互に検討することにより，生徒の目標達成評価および授業者の授業評価・検討資料となる。教育は連続した営みであり，その時間の授業で今後に生かせる点や課題が学習指導案によって明確になり，次への発展に資することができる。自らの授業力を高めるうえで，授業を終えた後の生徒の反応や変更点など様々な書き込みがなされた学習指導案を活用することは有効な手立てとなる。

参考文献

左巻健男・内村浩編著（2009）『授業に活かす！理科教育法──中学・高等学校編』東京書籍.

畑中忠雄（2004）『新訂　若い先生のための理科教育概論』東洋館出版社.

森一夫編著（2003）『21世紀の理科教育』学文社.

京都府総合教育センター（2012）『質の高い学力を育成する　学習指導案ハンドブック』.

（杉原茂男）

Q2 理科における授業構成と科学的探究の指導法について述べなさい

1. 科学的探究の過程と理科教育

　中学校及び高等学校学習指導要領解説（文部科学省，2018，p.9；2019，p.10）において，科学的探究とは「課題の設定」，「仮説の設定」，「検証計画の立案」，「観察・実験の実施」，「結果の処理」，「考察」（一部省略）といった過程によって行われることが示されている。このため，一般的に理科の授業はこれらの過程に基づき構成される。しかしながら，ここに示された科学的探究の過程は，あくまで1つのモデルに過ぎないため，教師は生徒にどのような探究に取り組ませるのが適切か見極めた上で，理科の授業を構成する必要がある。

2. 科学的探究と仮説演繹法

　既に示した探究の過程は，様々な機会で目にすることが多い。このため，本稿では，各過程を一つひとつ取り上げて説明を加えるのではなく，科学的探究がこのような過程で行われる理由を中心に取り上げることにする。

　そもそも，科学的探究の過程は，演繹的推論と帰納法や類比，アブダクションといった非演繹的推論を組み合わせた方法である仮説演繹法に基づいている（演繹的，非演繹的推論については，第3章Q18を参照されたい）。具体的には，まず，非演繹的推論によって仮説を設定し，演繹的推論により仮説に基づく予測を行う。そして，その予測と実験・観察結果が一致するか否かで仮説を検証するという方法である。この仮説演繹法について，中学校第2学年「さまざまな化学変化」における学習を例に挙げて説明する。

　授業の導入において，演示実験により，酸素を充填した丸底フラスコ内で小さな木炭を燃焼させると，木炭が消える（目に見えなくなる）という現象を生徒に観察させる。これにより，生徒は「なぜ，木炭が消える（目に見

えなくなる）のだろうか」という疑問が生じ、「丸底フラスコの中でどのような反応が起こったのだろうか」という課題を設定する。この課題に対して、生徒は、非演繹的推論によって、「炭素と酸素が化合して二酸化炭素に変化したのではないか」という仮説を設定することが想定される。しかしながら、この仮説は、丸底フラスコの中をいくら観察しても、直接目で見て確かめることができない。このため、ここで演繹的推論によって予測を行うことで、その後の探究に進むことになる。この予測とは、もし、仮説が正しいならば、どういうことが起こるのだろうかということを考えることである。この場合だと、「もし仮説が正しいならば、燃焼後の丸底フラスコ内には二酸化炭素が生成されているため、石灰水を入れると白く濁るだろう」といったものが予測にあたる。このように直接確かめることが可能な予測を導き出すことによって、「燃焼後の丸底フラスコ内に石灰水を入れて振る」といった実験方法を計画することが可能になる。そして、この実験によって得られた結果と予測が一致するかどうかを確かめることによって、仮説を確かめるのである。この場合だと、燃焼後の丸底フラスコ内に石灰水を入れて振ると、白く濁るという結果が得られ、その結果は予測と一致するため、設定した仮説が正しかった（確からしい）と考察することになる。

　以上が、仮説演繹法に基づく科学的探究の流れである。このように具体例をみることによって、例えば「検証計画の立案」、「考察」における指導は次のことに留意する必要があることがわかる。

　まずは、「検証計画の立案」から述べる。一般的に「検証計画の立案」の指導では、実験・観察の計画を立てるよう生徒に促してきた。しかしながら、これまで見てきたように、実験・観察は仮説による予測に基づき計画される。このため、検証計画を立案させる際には、「もし仮説が正しいならば、どんな結果が得られるのか」といった予測を促すような指導も取り入れる必要がある。なお、この予測については、「結果の予想」と表現されることも多い。

　次に、「考察」について述べる。「考察」は、しばしば「結果から何がいえるかを考えること」であると捉えられている。しかしながら、仮説演繹法に基づく科学的探究の場合、考察では「仮説が正しいといえるかどうか」を判

断する，つまり，「予測（結果の予想）と結果が一致したかどうか」を確認することが求められる。このため，この過程における指導においては，「結果から何がいえるか」といった指導ではなく，「仮説は正しかったといえるか」「予測と結果は一致したか」といった指導を行う必要がある。

3．実験・観察はいつも仮説を確かめるために行うか

　前項までに，仮説演繹法における実験・観察は，仮説を確かめるために行うものであることを見てきた。具体的には，仮説演繹法では，仮説に基づき予測（結果の予想）がなされ，その予測に基づき実験・観察が計画，実施されることになる。では，次のような事例はどうなるのだろうか。

　中学校第2学年「電流の性質」では，「電圧を変化させたとき，回路を流れる電流はどのように変化するだろうか」といった課題が設定されることがある。この課題に対して探究に取り組む場合，必ずしも仮説を設定しなくても実験を計画することが可能である。なぜならば，課題に基づき，例えば電熱線aを含む回路を作り，電源装置を使って電圧を1V〜5Vの範囲で1Vずつ変化させたときに電流計の値がどうなるか，データを収集するという実験を計画することができるからである。つまり，前述の「（木炭を燃焼させたとき）丸底フラスコの中でどのような反応が起こったのだろうか」という課題では，課題からでは実験を計画することができず，仮説および仮説に基づく予測（結果の予想）を行うことによって，はじめて実験を計画することができたが，「電圧を変化させたとき，回路を流れる電流はどのように変化するだろうか」という課題では，仮説がなくても実験を計画できるのである。では，仮説が設定されていないときに行う実験は，何のために行っているのだろうか。事例の続きを見ることによって，これについて考えることにする。

　このようにして実験を行ったデータから，生徒たちは「電圧を変化させたとき，電流は電圧に比例して大きくなる」というきまりを見いだせたとする。しかしながら，このきまりは電圧を1V，2V，3V，4V，5Vにしたときの計5回のみのデータから見いだしたものであるため，今度はそのきまりを仮説とし，「電圧をさらに変化させたとき（6V，7V…），各電流の値

は〇〇になるはずだ」のように，新たに予測をしながら繰り返し実験を行い，その仮説の正しさ（確からしさ）を検証することになる。あるいは，電熱線 a のみのデータであることに着目した場合は，電熱線 a を電熱線 b やモーターに換えて，同様のきまりが見られるか新たに実験を行うことになる。このように，課題に基づき実験を計画，実施した場合は，その実験は，厳密には課題に対する仮説を設定するための実験となる。そして，そのように設定された仮説は，これまでと同様に仮説演繹的に検証されるのである。

4．理科の授業を構成する際に留意すること

　以上のように，単に実験・観察といっても，実験・観察を行う意味や役割は科学的探究の中でも複数認められる。本稿で取り上げた例以外にも，例えば川崎（2020）は，理科の領域レベル（物理－化学－生物－地学，1分野－2分野，理学－工学）や知識レベル（理論－法則）によって，それぞれ特徴的な科学的探究がみられることを整理している。学習指導要領解説（文部科学省，2018，p.9；2019，p.10）において指摘されているように，時間的制約のある学校現場においては，授業を構成する際に，科学的探究の一部のみを扱うことも致し方ない。大切なのは，理科の授業を構成する際には，「課題の設定」の後は「仮説の設定」を行わなければならない，「観察・実験の実施」の前には「仮説の設定」をさせておかなければならないといったように科学的探究の形式のみにとらわれるのではなく，どのような探究に取り組ませるのが適切か，各過程の意味や役割に着目して，授業を構成することである。

参考文献

川崎弘作（2020）「理科とはどのような教科か」日本教科教育学会編『教科とその本質――各教科は何を目指し，どのように構成するのか』教育出版.

文部科学省（2018）『中学校学習指導要領解説理科編』学校図書.

文部科学省（2019）『高等学校学習指導要領解説理科編理数編』実教出版.

（川崎弘作）

Q3 サイエンスプロセス・スキルについて述べなさい

1. サイエンスプロセス・スキルとは

科学の学習で重要なことの1つに科学の方法，つまり，サイエンスプロセス・スキルの育成がある。最近の日本の理科教育では，あまり見かけない表現であるが，科学の学習において基軸をなすものである。それは，科学的探究において使用するスキルであるためである。このサイエンスプロセス・スキルとは，論者によって定義は異なるが，一般的に，科学的探究遂行における方法，手段と捉えることができる。そこで，方法，手段を手続き的な知識と捉えると不十分となる。それは，学習者が行う転移可能な能力を含むからである。また，このサイエンスプロセス・スキルは，「科学プロセス・スキル」「科学の方法」「探究スキル」「サイエンティフィックススキル」，単に「プロセス・スキル」といった表現もされる。それでは，いくつかのサイエンスプロセス・スキルを見ていこう。

（1）S-APAにおけるサイエンスプロセス・スキル

サイエンスプロセス・スキルは，R. M. ガニエの理論における知的能力育成を目指したものである。これはS-APA（Science-A Process Approach）と呼ばれ，幼−小6年と初等教育を正鵠としているが，現在の中等教育にも使用可能なので，取り上げることとする。探究過程として，サイエンスプロセス・スキルは13の過程（①観察，②時間・空間関係の使用，③数の使用，④測定，⑤分類，⑥伝達，⑦予測，⑧推論，⑨データの解釈，⑩仮説だて，⑪変数の制御，⑫操作的定義，⑬実験）から成る。この13の過程のうち，①から⑧までは比較的単純な基礎的な過程（basic processes）として小学校3年生までの中心的活動として位置づけ，⑨から⑬まではそれらの基礎的過程の上に展開される比較的複雑な統合的過程（integrated processes）として，小学校4年生以上の中心的なスキルとして位置づけられている（Commission on Science Education of the American Association for the Advancement of Science, 1963, pp. 7-8)。

（2）*Learning and Assessing Science Process Skills*におけるサイエンス
　　プロセス・スキル

　一方で，現在の科学カリキュラムに符合している *Learning and Assessing Science Process Skills*（4th ed.）（Rezba et al., 2003, pp. 1-2）（以下，*LASPS*）でも，サイエンスプロセス・スキルを基礎的サイエンスプロセス・スキルと統合的サイエンスプロセス・スキルに分けている。基礎的サイエンスプロセス・スキルは，統合的サイエンスプロセス・スキルの土台となる。変数の同定，データ表の作成，グラフの作成，変数間の記述，データの取得と処理，実験の分析，仮説設定，操作的な変数定義，実験の計画，実験といった統合的サイエンスプロセス・スキルは，観察，伝達，分類，測定，推論，予測といった基礎的サイエンスプロセス・スキルを使用することによって機能する。例えば，統合的サイエンスプロセス・スキルである「仮説設定」は，基礎的サイエンスプロセス・スキルである「予測」を使用する。また，統合的サイエンスプロセス・スキルは他の統合的サイエンスプロセス・スキルを使用しても機能する。例えば，統合的サイエンスプロセス・スキルである「変数間の記述」は，統合的サイエンスプロセス・スキルである「グラフの作成」を使用し機能する。このように，各サイエンスプロセス・スキルは密な関連をもって，段階的に機能している。

２．中学校，高等学校学習指導要領理科におけるサイエンスプロセス・スキル

　『中学校学習指導要領（平成29年告示）解説　理科編』では，理科の目標（2）について，「自然の事物・現象に関わり，それらの中に問題を見いだし見通しをもって観察，実験などを行い，その結果を分析して解釈し，表現するなど，科学的に探究する活動を通して，科学的な思考力，判断力，表現力等を育成する」としていることから，上述したいくつかのプロセス・スキルの使用を通して，各学年の科学的探究の力が育成されると言える。『高等学校学習指導要領（平成30年告示）解説　理科編　理数編』でも同様である。

表3-3-1 『中学校学習指導要領解説　理科編』，『高等学校学習指導要領解説　理
科編　理数編』における科学的探究の力

	科学的探究の力
中学校第1学年	問題を見いだし見通しをもって観察，実験などを行い，【規則性，関係性，共通点や相違点，分類するための観点や基準】を見いだして表現すること
中学校第2学年	見通しをもって解決する方法を立案して観察，実験などを行い，その結果を分析して解釈し，【規則性，関係性】を見いだして表現すること
中学校第3学年	見通しをもって観察，実験などを行い，その結果（や資料）を分析して解釈し，【特徴，規則性，関係性】を見いだして表現すること。また，探究の過程を振り返ること
高等学校（基礎を付す科目）	観察，実験などを通して探究し，【規則性，関係性，特徴など】を見いだして表現すること

（出典：文部科学省，2018より抜粋）

補足すれば，学年を通して科学的探究の力を表3-3-1のように示している。

（1）中学校，高等学校学習指導要領理科とS-APA，*LASPS*におけるサイエンスプロセス・スキルとの対応

　中学校，高等学校学習指導要領理科における科学的探究の力と，先述した，S-APAのサイエンスプロセス・スキルの対応関係を見てみると，「問題を見いだす→⑧推論」「解決する方法を立案→⑬実験（実験計画立案，実験の実施）」「結果を分析して解釈→⑧推論，⑨データの解釈」となる。一方，*LASPS*のサイエンスプロセス・スキルの対応関係を見てみると，「問題を見いだす→推論」「解決する方法を立案→データの取得と処理，実験の計画」「結果を分析して解釈→実験の分析，推論，データの解釈」となる。このように，S-APAや*LASPS*に対応するサイエンスプロセス・スキルがある。これらのサイエンスプロセス・スキルは主に統合的サイエンスプロセス・スキルであるため，先述したように基礎的サイエンスプロセス・スキルを土台として機能し，多くの基礎的サイエンスプロセス・スキルを使用する。例えば，*LASPS*の「実験の計画」であれば，「観察」「推論」「予測」「仮説設定」の基礎的サイエンスプロセス・スキルを使用する。

（2）S-APAや*LASPS*におけるサイエンスプロセス・スキルの使用

　中学校，高等学校学習指導要領理科における科学的に探究する力とS-APA
及び*LASPS*のプロセス・スキルは，表現が異なるものの，プロセス・スキル
の意味内容はほぼ類似している。したがって，S-APA及び*LASPS*のサイエン
スプロセス・スキルを使用し，各学年で育成する科学的探究の力を育成，さ
らに，科学的な思考力，判断力，表現力等を育成することができる。

　しかしながら，S-APAのサイエンスプロセス・スキルの指導は極めて特異
的なものであり，一般の理科学習の指導とは異なっているため（井出，
1988, pp. 37-38），このまま使用することは困難である。*LASPS*のサイエン
スプロセス・スキルの指導も同様であろう。しかしながら，現在の日本の科
学的に探究する力との対応関係もあることから，理科学習の指導内容に適宜
サイエンスプロセス・スキルの一部を組み込んで指導していけば，科学的探
究の遂行は容易になり，科学的に探究する力の育成，ひいては，科学へ向か
う態度の育成にもなるであろう。

参考文献

Commission on Science Education of the American Association for the Advancement of Science（1963）. *Science-A process approach commentary for teachers*, AAAS/XEROX Corporation, America.

井出耕一郎（1988）『理科教材・教具の理論と実際』東洋館出版.

文部科学省（2018）『中学校学習指導要領（平成29年告示）解説　理科編』学校図書.

文部科学省（2019）『高等学校学習指導要領（平成30年告示）解説　理科編理数編』実教出版.

Rezba, R. J., Sprague, C. R., McDonnough, J. T., & Fiel, R. L.（2003）. *Learning and assessing science process skills*（4th ed.）, Kendall Hunt Publishing Company.

（宮本直樹）

Q4 理科における観察・実験の指導法について述べなさい

1. 理科における観察・実験の定義

　観察や実験という言葉は、「観察・実験」のように、セットで使われることが多い。これは、観察と実験が、どちらも五感を通して自然を認識する活動という点で共通しているためである。その一方で、細胞のつくりについて調べる活動では観察という言葉が、そして電流と電圧の関係について調べる活動では実験という言葉が使われるなど、両者は区別されて使われている。これらを区別する基準は、人為的操作の程度である。すなわち、自然認識の際に、人為的操作の程度が小さいものは観察と呼ばれ、条件を制御するなどして人為的操作の程度が大きいものは実験と呼ばれる。なお、観察活動、実験活動という用語は、例えば、実験計画や考察など、観察・実験に関わる一連の活動を含むのであるが、日常においては、観察・実験と観察活動・実験活動という用語は、厳密には区別されずに使用されている場合が多い。

2. 学習指導要領における観察・実験の意義

　『中学校学習指導要領（平成29年告示）解説　理科編』において、以下のような記述が見られる。

　理科の学習は、自然の事物・現象を生徒が自ら調べ事実を確認することから始まる。生徒は、自然の事物・現象への直接的な取組を通して、自ら問題を見いだしたり、適切な実験を計画したり、実験操作を工夫して行ったり、実験の結果について自らの考えを導き出したりする。また、それを表現することで自分の考えを確認したり自然の事物・現象をよりよく理解できたりするようになる。それゆえに、理科の学習において観察、実験は極めて重要である。

　理科の学習を、生徒自ら調べるものであると捉えており、そのうえで、観

察・実験は，不可欠な教授学習方法として見なされていると言える。観察・実験の意義としては，生徒自らの活動を実現する手段としての意義，観察・実験活動において工夫したり自らの考えを導き出す意義，自らの考えを確認したり自然の事物・現象をよりよく理解できるようにする意義が示されている。

中学校学習指導要領の理科の目標には，育成する資質・能力として以下の3点が示されている。

① 自然の事物・現象についての理解を深め，科学的に探究するために必要な観察，実験などに関する基本的な技能を身に付けるようにする。

② 観察，実験などを行い，科学的に探究する力を養う。

③ 自然の事物・現象に進んで関わり，科学的に探究しようとする態度を養う。

①②には，観察・実験の文言が含まれており，観察・実験に直接的に関わる記述である。①は，知識及び技能に関する資質・能力に関わり，観察・実験などを行うことを通して，自然の事物・現象に対する概念や原理・法則の理解を図ること，そして観察・実験などに関する基本的な技能を身に付けることを求めている。なお，「観察，実験などに関する基本的な技能については，探究の過程を通して身に付けるようにすることが大切」と付記されていることから，ここで挙げられている技能は，個々のプロセス・スキルに相当するものであると考えられる。②は，思考力，判断力，表現力等に関する資質・能力に関わる。3年間を通じて科学的に探究する力を育成するために，下記のように，各学年において特に重視する活動が示されている。

① 第1学年：自然の事物・現象に進んで関わり，それらの中から問題を見いだす活動

② 第2学年：解決する方法を立案し，その結果を分析して解釈する活動

③ 第3学年：探究の過程を振り返る活動

中学校学習指導要領の理科の目標における，「育成する資質・能力」の1点目において示されている「技能」が，先述の通り個別的なプロセス・スキルに相当するのに対して，②では，統合的な探究能力の育成が求められていると言える。以上のように，学習指導要領における，育成する資質・能力に関する

記述からは，観察・実験の意義として，科学の概念や原理・法則の理解の涵養，プロセス・スキル，科学的探究能力の育成が含まれていることが窺える。

3. 実験活動において見通しをもたせることの意義

　1998（平成10）年改訂学習指導要領における中学校の理科の目標から，「…目的意識をもって観察，実験などを行い…」というように，「目的意識をもって」という文言が，観察・実験の前に加筆された。このことは，観察・実験に受動的に取り組むのではなく，目的や自分なりの考えをもって主体的に取り組むことの大切さが強調されていると言える。そして，2017（平成29）年改訂学習指導要領では，小学校学習指導要領における文言に合わせる形で，「見通しをもって観察，実験を行うこと」と表現された。学習指導要領解説によれば，「見通しをもって」は「目的意識をもって」に比べ，より幅広く様々な場面で活用することを想定した表現であるという。このことを明らかにするために，2008（平成20）年改訂（①）と2017年改訂（②）の学習指導要領解説の以下の記述（下線は筆者）を比較する。

　① 「目的意識をもって観察，実験などを行うこと」は，観察，実験を行う際，生徒自身が観察や実験を何のために行うか，観察や実験ではどのような結果が予想されるかを考えさせるなど，観察や実験を探究的に進める上で大切である。

　② 「見通しをもって観察，実験を行うこと」は，観察，実験を行う際，生徒に観察，実験を何のために行うか，観察，実験ではどのような結果が予想されるかを考えさせることなどであり，観察，実験を進める上で大切である。

　下線部に着目すると，2017年改訂学習指導要領では，2008年改訂学習指導要領の記述から「自身」，「探究的に」という部分が削除されていることが分かる。すなわち，2008年改訂学習指導要領では，観察・実験において実験目的や結果の予想を考えることに関して，その主体として生徒が強調されていたのに対して，2017年改訂学習指導要領では，控えめな表現に変更された。また，「目的意識をもった観察・実験活動」の実施は，探究的な観察・実験活動

にて想定されていたのに対して，「見通しをもった観察・実験活動」は，必ずしも探究的な観察・実験活動だけで想定されているわけではないことが分かる。以上から，生徒の主体性や実験活動の探究の程度において幅を持たせ，多様な観察・実験活動において実験目的や結果の予想などを考えさせることの重要性が述べられていることが窺える。観察・実験活動を教師が主導しながらも，観察・実験活動の要点について生徒に考えさせ，段階的に，科学的探究能力や科学的な態度を育成するような授業も想定されていることが窺える。

　見通しをもった観察・実験の意義として，生徒の主体的な活動とする意義があり，2017年改訂学習指導要領では，多様な実験活動でそれを実現することが目指されていると言えよう。

4．観察・実験の指導方法

　理科に観察・実験を取り入れることで，自然の事物・現象の理解や観察・実験に関する基本的な技能の習得だけではなく，問題解決能力や学習態度の育成までもが求められている。このように，観察・実験活動の教育的意義に対する期待は大きいと言えるものの，児童を観察・実験活動に取り組ませればすべて達成できるのではない。観察・実験を含む授業の計画に当たっては，当該授業において焦点を当てる観察・実験活動の意義を明確にし，その達成に向けた手立てを意図的にとることによってのみ，効果的な観察・実験の指導とすることができるのである。

　また，データの処理，実験の計測などにおいて，コンピュータや情報通信ネットワークなどを積極的かつ適切に活用する視点も，今後ますます重要になるだろう。

参考文献

文部科学省（2008）『中学校学習指導要領解説　理科編』大日本図書．

文部科学省（2018）『中学校学習指導要領（平成29年告示）解説　理科編』
　　　学校図書．

（大嶌竜午）

Q5 理科の探究的な学習における仮説設定の指導法について述べなさい

1.「理科の探究的な学習における仮説」とは何か

　「仮説」とは何かという問いに，正確に答えるのは非常に難しい。そもそも本稿における問いが「理科の探究的な学習における仮説」とは何かと，仮説設定の分野を限定していることは重要である。社会科学の１つであるビジネス分野や学校づくり，授業づくりなどのアクションリサーチ研究分野における仮説は，一般にOECD（2020）が提唱するAARサイクルの１つである解決の見通しや展望を意味するAnticipationとなっている。たとえば，これらの分野の仮説の書式は「（もし）市場のニーズを正確に把握できれば，商品の売り上げは確実に伸びるであろう」，「（もし）教師がきちんと教えることができれば，生徒にちゃんと学力がつくであろう」のような「if-then仮説」になることが多い。このような書式で設定された仮説は，自然科学の探究における仮説（hypothesis）とは根本的に異なる。そして臨床心理学などでは状況を仮に設定するという意味で仮説を用いる場合もある。数学における仮説や有意差の統計検定における仮説など，分野によって多様な仮説観が存在しており，それらは理科の探究的な学習における仮説とは異なる。

　それでは，分野を自然科学に限定すれば，自然科学を主な教科内容とする理科の探究における仮説とは何かが明確になるのかというと，実に多様な仮説観が存在しており，分野を理科の探究的な学習に限定しても，その難しさはほとんど変わらない。たとえば，予想（prediction）と仮説（hypothesis）の区別が曖昧な仮説観と，明確に区別する仮説観がある。予想と仮説の区別が曖昧な仮説観とは，たとえば，根拠が曖昧な結果の予測を予想，根拠が科学理論に基づいた明確な結果の予測を仮説とする仮説観である。基本的に「問題→選択肢での実験結果の予想→討論→実験→次の問題」の授業法をとる仮説実験授業における仮説も，仮説は予想が科学理論段階に発展したもの

という仮説観であり，予想と仮説の区別は曖昧である。また，「（もし）コイルの巻き数を増やせば，電磁石につく鉄釘の本数は増えるであろう」のような，if（実験操作）then，（実験結果の予測：予想）の「if-then仮説」の書式とする仮説観をとる理科の探究的な学習もある。

さらに，法則化の予測いわゆる一般化（generalization）と仮説（hypothesis）の区別が曖昧な仮説観と，明確に区別する仮説観もある。この一般化を仮説とする仮説観は，プロセス・スキル指向の米国の初等理科カリキュラムSAPA（Science A Process Approach）や，英国の中等理科カリキュラムWPS（Warwick Process Science）にも見られ，我が国の学習指導要領解説理科編などの問題解決能力や探究能力における仮説観に影響を与えてきた。たとえば，「（もし）電圧を2倍，3倍と大きくしていけば，抵抗体に流れる電流の大きさも2倍，3倍と大きくなるであろう」のような法則化の予測を仮説とする仮説観である。これがいわゆるオームの法則の確認実験に対する仮説であることは容易に想定できるであろう。このif（独立変数の変化）then（従属変数の変化）の書式をとり，法則化の予測の一般化を理科の探究的な学習における仮説とする仮説観が用いられることも多い。たとえば，高等学校の理科総合における探究で用いられている仮説も基本的にこの書式をとっている。

一方で，全米科学教育スタンダード（NSES：National Science Education Standards）や英国のナショナルカリキュラム（NC：National Curriculum in England：science programmes of study）における科学的な探究（inquiry, enquiry）における仮説は，仮説（hypothesis）という用語をあえて使わず，説明（explanation）を使い，それを検証する活動になっている。筆者はこれに「理論説明仮説」の呼称を与えている。本稿では主にこの「理論説明仮説」の指導法について述べる。

2.「理論説明仮説」の指導法

学習指導要領理科解説などでも「予想や仮説」というように，それらの区別が曖昧になっており，教師が「なぜ」などの因果の問いには，前述した

「理論説明仮説」の設定が必要であることを明確に認識して，探究的な学習における仮説設定の指導にあたる必要がある。

　米国の生物学教育や科学的推論の研究を進めている Anton E. Lawson（以下，Lawson）は，科学的推論力を高めるには，仮説と予想を明確に区別した仮説演繹的推論（hypothetico deductive reasoning）の指導が不可欠であると指摘している。Lawson の仮説演繹的推論とは「因果の問い（causual question）→説明仮説（explanational hypothesis）→公正（fair）な仮説検証実験（experiment）→期待される実験結果（expected result）の予想（prediction）→実際の実験結果（result）→結論（conclusion）」というような一連の推論である。さらに，Lawson らは，1 つの因果の問いに対して，複数の代替仮説（alternative hypothesis）を設定し，この一連の推論によって立てた見通しを学級全体で共有した上で，探究的な学習の実践を繰り返す指導法が，学習者の科学的推論力の育成に有効であると指摘している。

　Lawson の仮説演繹的推論が従来の仮説演繹法のような「if-then」書式をとる形式的推論と決定的に違うのは，因果の問いをスタートとし，結論までの一連の推論であることと，仮説を「なぜ」「どうして」「何がどのように」のような自然の事物・現象が生起する原因やしくみの説明を求める問いに対する「理論説明仮説」に限定していることにある。生徒が仮説設定に慣れない初期の段階では，仮説設定場面で「どのような力をどのように受けているのだろう？」「どのような物質のどのような性質が働いているのだろう？」などのように，生徒に自然科学の説明を促す足場掛け（scaffolding）が必要である。そして，個々の生徒が設定した仮説を小グループや学級全体で，説明の仕方の善しあしを吟味したり，類型化したり，類型化したものに「〜説」のようにラベリングしたりして，仮説を洗練化しておかなければならない。さらに教師には，ある仮説と代替仮説の食い違いを焦点化したうえで，どの仮の説明が正しいのかを公正に検証できる実験を立案し，前述の Lawson の一連の仮説演繹的推論によって，見通し（anticipation）を学級全体で共有するための対話を促進するような介入が求められる。このようなプロセスを経て精緻化された見通しが学級全体で共有されている状況で実行する実験で

82

は，結果が出れば直ちに結論も学級全体で共有できる。

3．習得レベルの知識を専有レベルの知識に高める仮説設定の指導

　生徒を前述したような本格的な主体的・対話的で深い学びのプロセスへ誘（いざな）うことによって，生徒は理科で養う資質・能力の１つである「生きてはたらく知識・技能」を獲得できる。理科における生きて働く知識・技能とは，J.V.Wertsch によれば，生徒が習得（mastery）レベルを超えた専有（appropriation）レベルの知識・技能のことをいう。専有レベルの知識の獲得には葛藤や抵抗のプロセスを経ることが必要なのだ。人間は自分が当たり前だと思っている見方・考え方，メンタルモデルや信念に疑いをかけられたり，否定されたりするとき，解釈を変えてそれらを擁護しようとしたり，情緒的に嫌悪感を抱き新しい見方・考え方の受け入れを拒否したりして抵抗し，先行概念を変えるか否かの葛藤に入る。仮説設定は，自分のフレームワークでは，説明できない現象に出会ったときに発する「なぜ」に対する仮の説明であるから，教師や他者との対話によりこれを吟味するとき，必ずこの抵抗や葛藤が生じるので，適切に指導すれば生徒を深い学びへと誘える。そのためには，全ての生徒が何を言っても許され，安心して対話できる教室文化を普段の理科授業で構築し，教材研究と同時に取り組まなくてはならない。

参考文献
小林和雄（2019）『真正の深い学びへの誘い』晃洋書房．

（小林和雄）

Q6 理科の探究的な学習におけるデータの定性化，数量化について述べなさい

1．データとは

　村上（1979, p. 165）によれば，データを，「『人間の感覚と理解の力との協働作業によって能動的に造り出された所のもの』と考えるのが至当ではないか」としている。さらに，Macrina（2014）は，「推論のために使われる事実に基づくあらゆる種類の情報」「多くの形式をとる」としている。これらを踏まえれば，理科における「データ」とは，理科の探究的な方法の1つである観察・実験を通して得たものであり，定性的，数量的かつ，暫定的なものである。

　それでは，定性化データ，数量化データについて，現在の中等教育科学カリキュラムにと符合している *Students and Research*： *Practical Strategies for Science Classrooms and Competitions*（4th ed.）（Cothron et al., 2006）を例に見てみよう。

（1）定性化データ

　定性化データについて「定性的データは，カテゴリに分類される。カテゴリは，言葉，数，といった不等間隔をもった尺度測定で表現された不連続なものである。例えば，生物の性，目の色といったものである。不連続なカテゴリは，実験者や資料文献，実験中の多くの観察の統合によって定義される。定性的データには下位区分がある。名義データは，順序づけられない不連続なカテゴリである。例えば，性（男性，女性），髪の毛の色（赤，黒，茶色）といったものである。順序データは，順序づけられるカテゴリである。例えば，動物の活動を1から5までの5段階尺度で評価するといったものである。他の例としては，モース硬度計である」としている（Cothron, Giese & Rezba, 2006, p. 106）。また，定性化データは，例えば，「大きい，小さい」「多い，少ない」といった表現がされるため抽象的，かつ，心理的，

感覚的なものであるから主観性が強い。

（2）数量化データ

数量化データについて「数量化データは，メートル法による測定，あるいはアラビア（算用）数のように等間隔をもった標準的な尺度に基づいた測定数や単位によって表現される。数量化の変数は，身長，ウサギの体重，発芽した種子の数といったものである。数量化の変数は，連続や不連続である。連続数量化データは，部分的な単位に分割可能であり標準的な測定尺度を用いて収集される。例えば，距離，量である。不連続数量化データは，整数を使用した標準的な測定尺度を用いて収集される。例えば，1年間のオオカミの出生数，爪先を触ることのできる人数といったものである。さらに数量化データは，尺度測定の零点に基づいている。数量化データは，分割可能である標準的測定尺度と絶対零を用いて収集されれば，比率データと呼ぶ。例えば，ケルビン温度の気体温度や物体の速度，距離などがある。尺度が絶対零をもっていなければ，データは間隔データと呼ぶ。例えば，摂氏温度である」としている（Cothron, Giese & Rezba, 2006, p. 105）。また，数量化データは，数値化されるため具体的なものであるから客観性が強い。数量化データは，定量化データとも呼ばれる。

このように，定性化データを名義データと順序データ，数量化データを比率データと間隔データに区別している。

2．データの定性化，データの数量化

「化学物質Xの濃度による植物の成長への影響」という課題において，独立変数を化学物質Xの濃度，従属変数を植物背丈，植物の葉の健康状態，葉の質とし，植物背丈は数量化（比率データ，間隔データ），植物の葉の健康状態は定性化（名義データ），葉の質は定性化（順序データ）と説明している（Cothron, Giese & Rezba, 2006, pp. 105-106）。このように，従属変数は定性化データ，または，数量化（定量化）データになりうることを指導している（表3-6-1）。

このように，変数の同定時に，従属変数を定性化データとするか，数量化

表3-6-1　化学物質Xの濃度による植物の成長への影響

変数	データの種類	データの表現の仕方
独立変数	化学物質Xの濃度（数量化データ）	0%，10%，20%，30%など
従属変数	植物背丈 （数量化データ：比率データ，間隔データ）	15.0cm，12.0cm，18.0cmなど
	植物の葉の健康状態 （定性化データ：名義データ）	健康，不健康
	葉の質（定性化データ：順序データ）	4：緑色，丈夫である，先端が渦を巻いていない 3：黄緑色，丈夫である，先端が渦を巻いていない 2：黄色，萎びている，先端が渦を巻いている 1：茶色，萎びている，先端が渦を巻いている

（出典：Cothron, Giese & Rezba, 2006, p. 106 より筆者作成）

データとするかを，さらに，定性化データを名義データ，順序データにするか，数量化データを比率データ，間隔データにするかを考えさせる。

それでは，次に，データの定性化，数量化の指導について見てみよう。

（1）データの定性化の指導

葉の健康状態を示すデータ表3-6-2のように作成させ（Cothron, Giese & Rezba, 2006, p. 113），その後，グラフを作成させる。従属変数を定性化データ（名義データ）として扱い，表やグラフの作成，データ解釈まで一貫して使用する。最頻値を比較したデータ解釈では「濃度10％，あるいはそれより低い濃度の化学物質Xを植物が得たとき，植物は健康がよい状態のままであ

表3-6-2　「化学物質Xの濃度による植物の成長への影響」のデータ表

説明データ	化学物質Xの濃度（％）			
	0	10	20	30
最頻値	健康	健康	不健康	不健康
頻度分布				
健康	10	8	4	2
不健康	0	2	6	8
個体数（数）	10	10	10	10

（出典：Cothron, Giese & Rezba, 2006, p. 113 より抜粋）

る。濃度が20％あるいはそれより濃度が高くなると植物の健康状態は悪くなる」と，頻度分布を用いたデータ解釈では「植物の健康状態の中で，最も変動が大きいものは濃度20％のときである。健康が4個体，不健康6個体である。20％より小さい濃度だと植物は大方，健康である。30％だと大多数の植物は不健康である」（Cothron, Giese & Rezba, 2006, p. 131）と記述する。

（2）データの数量化の指導

データの数量化の指導においても，従属変数を数量化データ（比率データ，間隔データ）として扱い，データの定性化の指導と同様に，表やグラフの作成，データ解釈まで一貫して使用する。平均を用いたデータ解釈では「10％濃度で育成された植物の背丈の平均（18.1cm）は，0％濃度で育成された植物の平均（15.3cm）より高かった」と，変動を用いたデータ解釈では「化学物質Xの濃度0％の植物の背丈の範囲は，濃度10％，20％，30％の化学物質Xの群より大きい」（Cothron, Giese & Rezba, 2006, p. 128）と記述する。

参考文献

Cothron, J. H., Giese, R. N., & Rezba, R. J.（2006）. *Students and Research: Practical Strategies for science classrooms and competitions*（4th ed.），Kendall Hunt Pub Co.

Macrina, F. L.（2014）. Scientific record keeping. In F. L. Macrina（Eds.），*Scientific integrity: Text and cases in responsible conduct of research*（4th ed.）（pp. 329-359）. ASM Press.

宮本直樹（2016）「科学的探究プロセスにおける数量化とデータ解釈―*Students and Research Practical Strategies for Science Classrooms and Competitions*に着目して―」『東洋大学文学部紀要第69集教育学科編XLI』pp. 107-114.

村上陽一郎（1979）『新しい科学論』講談社．

（宮本直樹）

Q7 理科における言語活動とその指導について述べなさい

1．教育課程における言語活動

　国際的な学力調査等によって，日本の子どもたちは社会において必要とされる力でもある思考力・判断力・表現力等を問う問題に課題があることが明らかにされてきた。こうした指摘を踏まえて，2008（平成20）年1月の中央教育審議会答申において言語の能力を高める必要性について指摘され「言語活動の充実」が教育内容に関する主な改善事項の1つとして示された。この方針は，2016（平成28）年12月の中央教育審議会答申においても同様であり，教科等を越えた全ての学習の基盤として育まれ活用される資質・能力の1つとして「言語能力の育成」が示されている。

2．教育における目的と手段

　2016年12月の中央教育審議会答申において，言語活動の充実に対して，単なる話し合いにとどまり形骸化していたり，言語活動を行うことが目的化していたりする例がみられることが指摘された。この指摘の意味するところは，教育の目的（目標）とその達成の手段（方法）との間の混乱により手段の目的化が生じたということである。本来，教育手段（方法）は，教育目的（目標）達成のために多様に考えられ得るものであって，教育の目的（目標）に応じて手段（方法）が決定されるものである。

3．理科における言語活動の機能

　上に指摘をした通り目的と方法を区別し意識化することが重要である。ここでは，言語に重きを置いた教授アプローチによって達成され得るいくつかの教育目的（目標）を示し，到達点の確認を行うことにする。

（1）将来社会の一員としての人間の涵養とそこで必要とされる資質・能力

　元来，教育はある価値規準に照らして理想的人間像への期待として行われる。ここに取り上げた将来社会の一員としての人間の涵養（かんよう）という点では，子どもたちが将来社会の一員として生きていくために必要とされるであろう資質・能力の育成を指向して言語活動を行うというものである。

　知識基盤社会の到来やグローバル化の進展などにより，多様な他者と共同し，新しい知識を創造していくような能力は今後ますます求められる。こうした社会の中で，性別や年齢，文化や言語を越えて多様な他者との交流や協同を行っていくためには，ものごとの基盤となる基礎的・基本的な知識・技能が必要であり，また，それらを活用し，課題を見いだしたり，その解決を図ったりすることが求められる。子どもたちがこうした社会の中で責任を果たし，自己実現していくために必要とされる能力として思考力・判断力・表現力等が考えられている。ここでは，子どもたちが将来社会の中で自己実現を果たしていくために重要な要素となる能力の育成を目的（目標）とし，そのための手段（方法）として言語活動を充実するという関係性をみることができる。

（2）科学概念のよりよい理解と言語活動

　（1）と同様に手段としての言語活動という点からは，科学概念のよりよい理解を目指す手段としての言語活動にも触れておきたい。議論や話し合いといった学習者の相互作用に高い優先度を与えるものとして構成主義的学習論を指摘することができる。この立場で学習者は知識の積極的な構成者と見なされている。何がどのように構成されるのかについては議論のあるところではあるが，学習とは，パーツが追加されるように教科書や教師から学習内容が伝達され，それを写し取る（模写する）のではなく，主体となる学習者と対象との相互作用による知識の再構成と捉えられる。構成主義的学習論と呼ばれる立場には，大きく，学習者の個人的な側面に着目したものと，社会的な側面に着目したものとに分けられ，特に知識の社会的構成に着目したものは，教室という小さな社会的集団の中での知識構成を重視し，如何に（いか）教室の中で議論などの相互作用を生じさせるのかという点に関心を寄せてきた。

少々込み入った話をすれば，科学の言葉それ自体が，社会文化的な背景を有しており，その言葉を媒介として，主体となる学習者が対象となる自然現象や他者との相互作用をすることで科学的な認識を高めるとされる。理科の授業という場面を考えれば，これまで多くの科学者が科学的実践の中で築き上げてきた科学の言葉を抜きにして，文化実践の産物である科学的認識へは到達し得ないのであり，また，対象となる自然事象や他者との相互作用を抜きにして，学習者が授業場面に持ち込んだ自身の既存の知識や考えを再構成し，より妥当な科学的概念への変容を期待することは難しいのである。

（3）科学の実践者としての人間の涵養とその過程

　科学の学習をより広く捉えると，科学を人類のもつ優れた文化の1つとして捉え，文化実践への参加を通した文化化として捉えることもできる。このことを説明するために，科学の知識がどのように公の科学の知識として確立していくと考えられるのかについて触れておきたい。これまで一般的に，科学知識は観察や実験で始まり，このような経験的な事実のみから法則や理論が導かれるという素朴帰納主義的科学観に基づく科学知識確立の科学観があった。しかしながら，現在では，観察や実験は科学理論の確立のための重要な科学的実践の1つではあるものの，それらは理論負荷的であるため，観察のみの事実をもとに科学知識の確立を行うことは不可能であるとされる。P.ニュートンらは「科学は共同体の生成物であり，様々な科学の学会によって確認され，受容されることで初めて，新たな科学的推測は公然の知識となる」と指摘する。個々の発見や知識が，学会等での発表を通して公の知識となっていくとする見解である。この過程には，例えば，論文の発表に際しては，ピアレビューと呼ばれる同じ専門分野の人間による査読が行われ，そこでの批評を受けて学会誌への掲載の可否が決定されるなど，他の研究者によって批判的に吟味がなされることになる。ここで，論やデータの妥当性や信頼性が検討され，受け入れられることもあれば，反駁されたり，新しい解釈が提案されたり，あるいは，論争が生じることもある。このように，公の知識は多くの人の批判的かつ理知的活動によって生じており，議論という行為が科学の知的主張の確立において重要な役割を果たしているとされる。と

ころで，どのようなデータが信頼に足るものなのか，どのような論拠が妥当なものなのかという規準・基準は議論の生じる共同体によって異なっている。理科の学習場面を考えれば，学習者は知識を理解するだけではなく，自身で実験を行い，得られたデータと自身の主張とを関連付け，この中で，どのような事実なら十分なのか，どのような論拠なら妥当なのかといった科学を実践する集団の中に流れるある種の価値について修得していくことも，また必要とされる。このことは，学習者が科学者共同体に属する言語と言語的実践に適応していくことであり，科学文化への参加の過程でもある。このように考えると，科学の中で用いられる言語を科学者が用いるのと同様の方法で用い，また，同様の言語的実践を行うことができるようになるということ自体が言語活動の目的（目標）として捉えることができる。

4．理科における言語活動の指導とその留意点

　理科における言語活動の指導とその留意点について，これまでの議論でも触れてきたように授業の構想において何のために言語に重点を置いた授業を展開するのかという言語活動の目的を明確にするということに留意したい。指導それ自体については，論を構成する要素について意図的な指導を行うということを提案したい。論を構成する要素として，指導の初期の段階にあっては，主張，論拠，データ（事実）を意識するとよいだろう。理科授業で言語活動を行う場面において，多様な方法や，解釈を考え，多くのアイディアを出すという点も重要な面ではあるが，意見の精緻化を行っていくこともまた必要な場面である。意見の精緻化は様々な人の意見を単に取り入れればよいというだけではなく，より妥当な方法，より妥当な解釈を目指さなければならない。このとき，主張，論拠，データ（事実）を区別することで，議論のどこに齟齬が生じているのか理解が容易になる。

（泉　直志）

Q8　理科における協同的な学びとコミュニケーション活動の指導について述べなさい

1．日常における学び

　協同的な学びとは何かという問いを考える前に，協同的でない学びとは何かについて考えてみるとよい。たとえ，教師と生徒の2人であっても，ともに学んでいく場面を想像することはできる。そういった意味では，ほとんどの学習は協同的に行われている。実際の学校現場では，子どもたちに話し合いをさせ，様々な考えを表明させ，それぞれの考えに対して活発に意見が出ることを望んでいる教師は多いだろう。そのため，協同的な学びは古くから存在し，いまだに実践されている教育実践の1つである。

　そもそも，学校教育が生まれる以前に私たちは多くの文化的な活動を集団の中で学び，保持し，発展させてきた。こういった日常における学びに焦点を当てた研究は現象論的社会学や人類学などを中心になされてきていた。一方で，競争社会のアンチテーゼとして，アメリカのように様々な文化的社会的背景の異なる者同士が同時に学ぶ学習スタイルが求められていた。

　一般的に「協同的な学び」とは，1984年にアメリカで出版された『学習の輪』において，ジョンソン等が提唱した実践から広がり，ヴィゴツキーやレヴィンなどの認知理論を背景に理論づけがなされた学習活動を指す。これらの学習活動は，多種多様な文化的社会的背景をもつ者同士の学習を，多種多様な考えをもつ学習者集団のコミュニケーション活動を通じ，どのように知識が伝達され，どのような学習共同体の動きが生じていくかを研究し，子どもたちの学びにとって最善の策を講じる一連の動きへと発展し，アクティブラーニングなどの実践へとつながっていったと考えられる。

　私たちは，日常生活においても，職場においても，家庭においてさえもコミュニケーションを通じ多くのことを学んでおり，ともすればこういった場面での学習の方が，教室で学ぶことよりも身についていることが多いことも

ある。そこに着目した認知理論にレヴィン等の「状況的認知」がある。それまでの学習では教室に焦点を当てるものが多かったが，現象論的な社会学の影響を受けた多くの研究により，学習論の中でも日常生活の中でのコミュニケーション活動やその際の状況に着目する研究がなされていった。

2．日本における協同的な学び

日本の近代教育における協同学習としては，及川平治の「分団式動的教育法」など大正自由教育の中での実践がある。1950年代にはバズ学習など今でも実践されている少数での短時間の話し合い（6人組で6分間など）が展開された。その後も，チームによる学習法やジグソー法など様々な学習方法が展開された。

1990年代頃からは，ジョンソン等の協同的な学びの中で子どもたちがどのように学んでいくか，認知理論から考察する研究が稲垣，山口らによって積極的になされていった。一方で，文化人類学などの知見を援用した教育実践が森本らによってなされるなど，多くの実践も理科教育研究の場で展開された。

このように日本の理科教育では，「最近接発達領域」「状況的認知」「徒弟制」「多文化主義」「エスノグラフィー」「会話分析」「質的研究」といった様々な知見を活かした幅広い研究や実践がなされることで，ジョンソン等の「協同的な学び」は，理論的にも実践的にも大きな広がりをみせていった。

3．理科における協同的な学び

理科教育において協同的な学びに寄与する役割は大きい。その役割の1つは，理科の実験活動にある。理科の実験活動は，学校文化の中でも，集団で議論を行い，協力して実践することを通じて学ぶことが日常的に行われている活動の1つである。こういった実験活動の場において，子どもたちは様々な役割を担いつつグループによる学習を協同的に行っている。さらに，そこでは子どもたちの発話や行為がいきいきと展開されており，それぞれが責任感をもち互いに協力する協同的な学びの実践がなされているため，多くの研

究観察の対象としても適したものとなっている。ただし，その際に単なる学習グループとして活動を行うのではなく，協同学習においては個々人の相互協力をもとにした学習集団そのものの形成をも視野に入れた指導が望まれている（下表参照）。

表3-8-1　協同学習と従来のグループ学習の差異

協同学習グループ	従来の学習グループ
相互協力関係がある	協力関係なし
個人の責任がある	個人の責任なし
メンバーは異質で編成	メンバーは等質で編成
リーダーシップを分担する	リーダーは指名された1人だけ
相互信頼関係あり	自己に対する信頼のみ
課題と人間関係が強調される	課題のみ強調される
社会的技能が直接教えられる	社会的技能は軽く扱うか無視する
教師はグループを観察，調整する	教師はグループを無視する
グループ改善の手続きがとられる	グループ改善の手続きは行わない

　もう1つ，理科教育が協同的な学びに果たす役割において重要な側面としては，科学論の影響が強いと考えられる。クーンによる『科学革命の構造』は，科学論のみにとどまらず多くの分野に多大な影響を与えたが，科学者がいかに科学理論を構築したかについての考えを大きく変えるきっかけとなった。それまで，理科教育の中でも科学者の思考に沿った授業の実践などがなされることはあったが，その多くは個々の科学者の思考に沿ったものであった。
　科学論の転換は，理科教育の研究者及び現場の教師にもパラダイムシフトを生じさせ，子どもたちの学びについての視点として，様々な意見の交換，すなわちコミュニケーション活動を通じた科学理論の構築を加えることとなった。その結果，理科教育における協同的な学習についての研究事例として，単に実験活動にとどまらず，概念地図法などを用いた思考やコミュニケーションの可視化を伴った議論の観察など，子どもたちが学習においてどのように科学理論を構築していくのかについて，社会的構成論の立場に立った研究がなされていった。

4．協同的な学びと社会構成主義

　このような社会的な構成論においては，理解とは個人だけでなく社会と強く関連付けられているという立場をとる。特に，その知識を共有する成員との関係性が重要となる。それゆえ，子どもたちの理解を探る際には，教室内集団（教師及び生徒）のもつ知識や価値観，言語に対しての意識など様々な要素を考慮する必要が生じる。子どもたちは実験活動などの学習活動を通じて，個人的欲求から未知のものを知りたいと考えたり，その他の成員に認められた活動として課題を遂行したいと考えたりしているかもしれない。

　このようにして彼らが得た知識は，周囲の成員とのコミュニケーションを通じて言語化され，相手に伝える際にさらに洗練され，共有しやすい言語表現によって表現され，最終的に集団で共有されるようになる。

　このようにして共同体で共有された知識は，従来の知識が個人の頭の中にあるという立場とは異なり，個人だけを対象としても，共同体だけを対象としても，理解については説明できなくなる。さらに，その際に実践される教育活動として教師が事前に準備する際には，子どもたちが共有しやすい表現や，学習の際に協同しやすい環境（例えば，グループの成員や意見交換が生じやすい教材など）づくりが求められる。こうして得られた知識は成員間で共有され，様々な場面で用いることで，理解を促進していくこととなる。

参考文献

ホドソン, D.（小川正賢監訳）（2000）『新しい理科教授学習論』東洋館出版社．

稲垣成吾・山口悦司・上辻由貴子（1998）「教室における言語コミュニケーションと理科学習：社会文化的アプローチ」『日本理科教育学会研究紀要』38（2），pp. 135-146．

ジョンソン, D.W.，ジョンソン, R.T.，ホルベック, E.J.（石田裕久・梅原巳代子訳）（1998）『学習の輪』二瓶社．

クーン, T.（中山茂訳）（1971）『科学革命の構造』みすず書房．

レイヴ, J., ウェンガー, E.（佐伯胖訳）（1993）『状況に埋め込まれた学習
　　　ー正統的周辺参加』産業図書.
松原大輔（2017）「理科教育における協同学習と社会的構成論の展開」大
　　　高泉編『理科教育基礎論研究』協同出版.
山口悦司・稲垣成哲・福井真由美・舟生日出男（2002）「コンセプトマップ：
　　　理科教育における研究動向とその現代的意義」『理科教育学研究』
　　　43（1），29-51.

（松原大輔）

Q9　理科における学習理論とそれを踏まえた指導について述べなさい

1．理科の代表的な学習理論の概要

　科学的な知識の教授学習を中心に，代表的な理科の学習理論として，行動主義的な学習論，構成主義的な学習論，状況主義的な学習論の3つを取り上げて，それぞれの立場から見た理科の教授学習を概観する。

（1）行動主義的な立場から見た理科学習

　行動主義的な学習論では，外部から与えられた刺激に対して，行動上での応答や変化を生じることとして，理科学習を捉える点が特徴である。このような立場に立つと，教師からの発問（刺激）に対して，子どもが所定の回答（反応）ができるようになれば，学習したことと認識される。その場合，教授学習場面での教師と子どもの関係とは，情報の提供者と受容者の関係として認識され，子どもは，学習内容についての知識や経験等を何ら有していない状態であり，教師から提供される情報を受容する存在と見なされる。行動主義的な学習論に基づいた指導法として，注意深く準備されたステップごとに教材を提示する「プログラム学習」がある。

（2）構成主義的な立場から見た理科学習

　構成主義的な学習論では，子ども達の思考プロセスや自然認識における能動的な役割に着目し，子どもと自然との間での相互作用として，理科学習を捉える点が特徴である。この学習論の興隆に伴って，理科学習以前に自然についてもつ，科学的なものとは言えない多様な考えおよび考え方である，オルタナティブコンセプション（alternative conception）（もしくは「素朴概念」）を保持していることが知られるようになった。子どもが授業前にもっていることに着目する場合は，プレコンセプション，科学的に誤っていることに着目する場合は，ミスコンセプションもしくは「誤概念」と呼ばれる。近年では，個体内で閉じた情報処理システムとして捉える「個人的な構成」として

の学習に対して，教室環境という社会的な状況や言語などの文化的な道具の使用に着目した「社会的な構成」としての学習がより強調される。

（3）状況主義的な立場から見た理科学習

　状況主義的な学習論では，学習とは，それぞれ独自の社会文化的な背景をもつ教科や教科外の学習を行っている学習者集団（「学びの共同体」）に，個々の子どもがそれぞれの役割を担いつつ「参加」していく過程として，理科学習を捉える点が特徴である。このような立場に立つと，科学とは，1つの社会的な言語による語り（ディスコース）の実践であり，科学の学習とは，科学的ディスコースを「専有する（appropriating）」こと，つまり，科学の営みでの独自の語り方や推論の仕方，行為の仕方を，そして，規範や信念，価値などを身に付けることである。科学という言語をすでに習得している人と話すこと，また，それが使われる目的にかなうように，その言語を利用することができる協同的・対話的な学習環境が求められる。

2．理科の学習理論を踏まえた指導法

　2017（平成29）年改訂学習指導要領では，授業改善の基本的な視点として，①主体的な学び（興味・関心の持続など），②対話的な学び（他者との協働や対話など），③深い学び（「見方・考え方」の活用，知識の関連付けなど）の3つが示されている。この「主体的・対話的で深い学び」を実現する理科の指導法は，上述の構成主義的・状況主義的な学習理論を基礎にして考えることができる。以下では，具体的な指導法の例として，認知的な葛藤事例やアナロジーを利用した指導方法について述べる。

（1）認知的な葛藤事例を導入した理科指導

　生徒がもつオルタナティブコンセプションから科学的な考えへの変容を目指した学習には，①先行知識への不満が生じる，②分かりやすい新しい考え方がある，③新しい考え方がもっともらしい，④新しい考え方が生産的である，という条件が必要とされる。認知的な葛藤を生起・解消する過程を中心として，これらの条件を組み込んだ指導方法がある（「概念的変容ストラテジー」）。そこでは，オルタナティブコンセプションを意識化させ，そのオル

タナティブコンセプションについて矛盾等の葛藤を感じさせる事物・現象を導入して，自分自身の考えの限界と科学的な考えの有用性を同時に認識させることが試みられる。例えば，電気回路では，電池の＋極から電流が出発して－極へと流れると思っている生徒に，豆電球の点灯順序（図3-9-1）を考えさせると，認知的な葛藤を生起させることになりうる。また，凸レンズで太陽の光を集めた

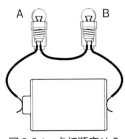

図3-9-1　点灯順序は？

像は「点」だと思っている生徒に対して，三日月の光を集めてできる像を予想させると，同様の認知的な効果が期待される。実際に行う実験（「現物実験」）だけではなく，思考のレベルで企画・操作する実験（「思考実験」）でも，認知的な葛藤を生起させられる。例えば，科学史上のガリレイの「重いものほど速く落下する」という考えを反証する思考実験が挙げられる。

　認知的な葛藤事例を導入した理科指導は，学習への興味・関心や意欲，集中力に関わる心理状態であるエンゲージメント（engagement）を高めることにつながり，主体的な学びを促し，概念的な変容を引き起こし，深い学びを促進することが期待される。

（2）アナロジーを利用した理科指導

　アナロジー（類推）とは，すでに知っているもの（ベース）との類似性に基づいて，十分に知らないもの（ターゲット）を推論する思考様式である。例えば，電気回路の電流／水流のアナロジーでは，電流はターゲットであり，水流はベースである。教師がアナロジーを導入する方法では，一般的に，①ターゲットを導入する，②ベースを想起する，③ベースとターゲットで類似する特徴を特定する，④類似する特徴を対応付ける，⑤ターゲットについて結論を導く，⑥アナロジーの破綻する部分を指摘する，といった6つの手続きをとる。この他にも，アナロジーの段階的な移行を経て，生徒のオルタナティブコセプションと科学的な考えとの間に連続性をもたせる指導法（「ブリッジングストラテジー」）や前述の概念的変容ストラテジーと組み合わせて，アナロジーを使用する方法がある。それに対して，生徒にアナロ

ジーを生成させる方法もある。他者に説明する場面や自分が納得したい場面
など，認知的な必要性が高まったときや，個々の学習者の考えが尊重される
学習者中心の学習環境では，生徒もアナロジーを生成しやすい。

　アナロジーを利用した理科指導は，教師と子どものどちらがアナロジーを
導入したかによらず，子どもに自分なりに捉えた表現を推奨すること，それ
らを他者との交流で共有すること，評価・改善する機会を設定することが，
主体的・対話的で深い学びの実現に有効な方策になると考えられる。

参考文献

文部科学省（2017）『中学校学習指導要領（平成29年告示）解説　理科編』
　　　学校図書.

Scott, P., Asoko, H., & Leach, J.（2007）. Student conceptions and conceptual
　　　learning in science. In S. K. Abell & N. G. Lederman（eds.）, *Handbook
　　　of research on science education*（pp. 31-56）. Routledge.

内ノ倉真吾（2012）「理科の学習論」大髙泉・清水義憲編著『教科教育の理
　　　論と授業Ⅱ（理数編）』協同出版.

内ノ倉真吾（2017）「理科教育におけるアナロジーとその有用性」大髙泉
　　　編著『理科教育基礎論研究』協同出版.

（内ノ倉真吾）

Q10 理科における科学の性質（Nature of Science）の指導について述べなさい

　科学の性質（Nature of Science，以下，NOS）は，科学とは何かという問いから導き出されるものであり，科学というものの一側面（aspect）について言及したものでもある。NOSの指導のためには，まず，教員がNOSの概念と内容を正しく理解し，生徒にNOSの教授・学習の意義を説明する必要がある。また，教員がこれまでの研究や実践に基づくNOSの教授アプローチの特徴を踏まえて，指導の在り方を検討することが必要である。

1．NOS の基本的性格（概念と具体的な内容）

　NOSの概念を探究し続けている学問は，科学論である。この科学論は，「科学とは何か」，「科学はどのように発達してきたか」を論究している。科学論は，科学それ自体を語る知的営みを指す言葉であり，主に科学史，科学哲学や科学社会学の3つの学問領域によって構成されている。NOSの概念は，様々な研究の複合領域によって構成されるものである。そこで，理科教育における教育内容としてのNOSの考え方や内容は，一定の水準において，科学哲学者，科学歴史学者，科学社会学者，そして，理科教育者の間で，ある程度共有された認識が存在するといわれている。例えば，レダーマンらは，幼稚園から第12学年までの児童・生徒が理解するべきNOSの内容となると一定の合意を得ることができるとし，科学論で共有された比較的に安定しているNOSの内容を取り上げている。レダーマンがまとめたNOSの内容は，科学知識に関するものに限定される場合もある。最近では，具体的なNOSの内容として，「観察と推論の相違」，「理論と法則の相違」，「実証的根拠」，「主観性／理論負荷性」，「社会的・文化的な背景」，「本質的な可変性」の6つを挙げている。近年では，マシューズが，NOSの概念や内容を問い直すような主張を展開している。マシューズの考えであるFOS（Features of Science）は，これまでに合意されたNOSの内容を総括した上で，科学を幅

広く捉え直して，科学に関する数多くの特徴を挙げている。

　欧米の理科教育学の研究者たちは，NOSを理科教育の中で教えるべきという立場で，NOSを理科の教育内容の1つとする意義について考察してきた。NOSを理解することは，換言するならば，科学を人間の営為の1つとして理解することでもある。そのことは，科学という営為に参加したり，科学的実践を観察したり，時には科学の成果を鑑賞することで得られるものである。そのような理解が理科学習をより有意義なものへと変えてくれるはずである。

２．米国の次世代科学スタンダード（NGSS）におけるNOS

　理科カリキュラムに導入されたNOSの内容については，欧米の理科カリキュラムにて確認することができる。米国では，全米レベルの理科カリキュラムとして次世代科学スタンダード（以下，NGSS）がある。実際，NGSSに導入されたNOSの内容は，科学的な探究活動は多様な方法を用いるという「科学的探究活動の多様性」，科学知識は実証的な証拠に基づいているという「科学知識の実証性」，科学知識は新しい証拠の発見によって修正されるという「科学知識の可変性」，科学のモデル，法則，仕組み，理論は，自然現象を説明するという「科学知識の機能」，科学は知るための方法であるという「方法としての科学」，科学知識は自然のシステムの秩序や調和の存在を前提としているという「自然の秩序と調和の存在」，科学は人間の営為であるという「科学の人間性」，科学は自然物や物質世界についての問いを取り扱うという「科学の適用範囲」，の8つである。例えば，それらのうち中等教育段階のミドルスクール段階からハイスクール段階（第6学年〜第12学年）のNOSの「科学知識の実証性」の内容は，ミドルスクール段階では，「科学の知識は，証拠と説明の論理的で概念的な関係に基づいている」や「科学の学問は，実証的な証拠を得て，評価するという共通の価値を共有すること」を，ハイスクール段階では，「科学知識は，実証的な証拠に基づいている」，「科学の学問は，自然システムについての説明を評価するために用いられる証拠に関する共通のルールを共有している」，「科学は，最新の理

論を含む証拠のパターンの組み合わせのプロセスを含んでいる」や「科学の
アーギュメントは，単独の説明を支える複合的な証拠の論理によって強化さ
れる」の4つの内容を学習することとなっている。そのほかNGSSでは，
NOSの内容を科学史と関連させることを強調している。これまでのスタン
ダードである『全米科学教育スタンダード』から引き続き，NOSの内容を
教授するための具体的な手立ての1つとして科学史の活用を示している。こ
れらの科学事例史の活用は，J.B.コナントの科学事例史法による理科学習研
究の成果，HPPやHOSCの開発の影響であることもNGSSで明記されている。

3．NOS の教授アプローチの特質

　NOSを教授・学習するための理科カリキュラムやモジュール教材はこれま
で数多く開発されてきた。それらのカリキュラムや教材では，特徴的な教授
アプローチが採用されてきた。まず，PSSCをはじめとする学問中心カリ
キュラムや，AAASの開発したSAPA（Science A Process Approach）のような
探究カリキュラムが挙げられる。これらのカリキュラムは，実際の科学者の
活動に基づき，理科カリキュラムの教材や学習活動で構成されており，教育
内容としてNOSが導入されている。これらの教授アプローチは一般的に探
究アプローチと呼ばれ，生徒に科学的探究を実施させることで，科学のプロ
セス・スキルズを習得させるとともに，NOSを理解させることを目指してい
る。実際，これらの理科カリキュラムは目的の1つであった科学者養成と
いった点で一定の成果を上げたものの，生徒のNOSの理解という点では十
分な効果を得ることができなかったと言われている。次に，HPPやHOSCと
いった理科カリキュラムで導入された歴史的アプローチがある。このアプ
ローチは，NGSSと同様に教授法に科学史を活用することでNOSの理解を図
るものである。歴史的アプローチは，科学の人間性の理解に寄与したもの
の，これまでの学習と比べ生徒はNOSの理解のために科学史を学習しなけ
ればならず，教師や生徒の負担が増すというデメリットがあった。そのほ
か，科学と社会の関連性を活用した社会的アプローチが存在する。このアプ
ローチはSTS教育の中で取り上げられたアプローチであり，科学に関連した

社会事象を事例として取り上げているものである。そして最後に，これまでの教授アプローチを総括した上で，新しいNOSの教授アプローチとして，カハリックらが開発・実践した明示的・内省的アプローチ（Explicit and Reflective Approach）がある。NOSの明示的・内省的アプローチの特徴は，これまでのアプローチが想定していたような，学習者のNOSの理解を教授・学習の副次的効果や副産として期待するのではなく，それ自体を中心的教授目的として位置づけている点である。このアプローチの特質は次の3点であろう。まず，学習者にNOSの理解を目的として明示するための「目的の明示」次に，歴史上の科学者ではなく現在でも活動している科学者や他の学習者の科学的実践を対象化し教材とするための「科学的実践の対象化」，そして学習者同士の議論による学習内容を共有化するための「学習者同士の議論の導入」，である。この教授アプローチは総じて児童・生徒のNOSの理解促進に高い効果を示している。実際，生徒への教授アプローチとしては，具体的なNOSの内容と対応させながら，生徒の社会的・文化的背景を十分に考慮する必要がある。その上で教員は，有効なアプローチを選択し，学習指導を検討する必要がある。

参考文献

NGSS Lead States（2013）. *Next generation science standards*, Washington, D.C., The National Academics Press.

鈴木宏昭（2015）「米国の理科教科書における "Nature of Science" の教授展開——「観察と推論の相違」の内容に着目して」『理科教育学研究』56（2），173-181.

鈴木宏昭（2017）「理科教育における科学の性質（Nature of Science）」大高泉編『理科教育基礎論』協同出版.

（鈴木宏昭）

Q11　学習者の特性に応じた理科指導について述べなさい

1．理科学習に関わる学習者の特性

　日本全国のいずれの中学校・高等学校においても，同一の理科指導はできるのだろうか。あるいは，すべての学習者が同じように理科を学習できるのだろうか。これらの疑問を解決する1つの視点として，学習者の特性（属性）が挙げられる。ここでは，比較的大きな学習者集団に見られる特性から，一人ひとりの学習者の特性までを，「学校という大集団の特性」，「学級内の集団の特性」，「学習者個人の特性」の3段階に分け，各段階に代表的な特性を取り上げ，それに応じた理科指導について考えていくことにする。

2．学校という大集団の特性－地域性－

　まず，学校という大きな学習者集団同士を比較した際に，理科学習に影響を及ぼすと考えられるのが，その学校が立地する地域である。理科学習に関わる地域性とは，学校近隣の自然環境の豊かさや生物関連の校庭の整備状況などを想起しやすいが，その地域の気候や風土なども含まれる。

　2017（平成29）年改訂中学校学習指導要領の理科では，地域性に関わる内容として，第2分野の「自然と人間」において，「地域の自然災害について，総合的に調べ，自然と人間との関わり方について認識すること」と，「指導計画の作成と内容の取扱い」において，「観察，実験，野外観察を重視するとともに，地域の環境や学校の実態を生かし，自然の事物・現象についての基本的な概念の形成及び科学的に探究する力と態度の育成が段階的に無理なく行えるようにすること」が明示されている。さらに，「大地の成り立ちと変化」の学習においては，身近な地域の実態に合わせて地形や地層，岩石などの観察の機会を設けることが推奨されている（文部科学省，2018）。そして，このような地域性を生かした学習の重要性は，小学校理科から引き

継がれている。

　地域性を生かした理科指導を行うためには，まずは，教師がその地域の自然環境（動植物，地形，気候等）の特徴を理解し，教材としての活用方法を検討しなければならない。また，地域教材の活用においては，気候を考慮した適時性の判断が必要な場合もあり，理科の年間指導計画も併せて検討することが求められる。学習指導要領では，各学年における学習内容は規定されているものの，学年の中での学習順序については，標準的なものが示されているだけであり，地域の特性を生かして計画を立てることが前提となっているのである（文部科学省，2018）。一方，観察可能な自然環境に恵まれていない地域では，視聴覚教材やICT教材を用いたり，科学館や博物館を活用したりといった代替的な方法をとる必要がある。

３．学級内の集団の特性－ジェンダー－

　次に，学級という１つの集団を区分する性別に着目する。理科学習の男女差については，その学力や科学的な能力に限らず，学習への意識や態度など様々な視点から調査されている。それらの研究成果によれば，中学校段階の理科の学習到達度（認知面）には顕著な男女差は見られないものの，高等学校では特に物理領域で男子の方が女子よりも高くなる傾向がある。一方で，意識と態度（情意面）については，中学校段階から男女差が明確に表れ，男子と比して女子が理科学習から離れていく。具体的には，理科に対する好感度や有用感，理科学習への自信，授業への積極性，理工系への進路選択希望や科学技術関連の職業への就業意欲などの女子の低下は著しい。実際に，男女混合のグループ実験では，女子は男子よりも記録係や後片付けといった補助的な役割だけを担っていたり，見ているだけだったりすることも多い。また，女子の一般的傾向として，理科の中でも物理学に関連する内容や，計算が必要とされる内容への嫌悪感を持っていることが知られている。

　このような男女差が生じる要因として，視覚・聴覚・脳の機能といった生得的で変えがたい生物学的な要素と，社会的・文化的・歴史的に形成されてきた性別に関わる固定観念によるジェンダーの要素が指摘されている。後者につ

いては，「自然科学（理科）は男性のもの」や「女性は自然科学研究に向い
ていない」といった世間の固定観念によって，学校の理科授業でも同様の状
況が引き起こされてしまうことが問題視されている。そして，後者の要因に
ついては，理科教育の変革によって部分的に克服可能であり，理科に対する
女子の意識を高め，積極的な学習へと導くことが期待できる。

　その方法として，第一に，教師の意識変容と女性教師の配置の推進が考え
られる。教師が自身のジェンダー固定観念に気づき，授業において不適切な
言動（例として，「女子は理系に進学すると苦労をする」や「女子は物理を
苦手でも仕方がない」など）を発していないか，あるいは，性別によって一
部の生徒が理科授業に積極的に参加できていない状況が生じていないかを点
検することが必要である。また，女子生徒のロールモデルとなり得る理数系
の女性教師を増やすことも求められる。第二に，ジェンダーに関わる潜在的
カリキュラムの発見と是正が考えられる。これは，「理科＝男性」といった
ジェンダー固定観念が，学習内容や教材，活動などに埋め込まれていないか
をチェックして改善し，さらには，女子の興味・関心や思考の特性を授業で
活用する方法を検討することである。そして，第三に，理科学習における
キャリア教育の充実である。理科に関係する職業として中学生が挙げるの
は，「科学者」，「理科の先生」，「医者」といった程度で，そのイメージは非
常に偏っている。特に女子は将来就きたい職業と理科学習との関係性を見い
だせていない。このような状況を打開するために，自分の将来と理科との関
係を捉えることができるようなキャリア教育が求められる。

４．学習者個人の特性－感覚過敏－

　最後に，ある一定数の集団ではなく，学習者個人の特性と理科学習の関係
性について考えてみる。個人の特性は，性格や考え方，能力など多岐にわた
るが，特に，障害のある生徒の学習活動の困難さに応じた指導内容や指導方
法の工夫が必要とされる（文部科学省，2018）。これは，共生社会の形成に
向けたインクルーシブ教育システムの構築のために，特別支援学校に限ら
ず，通常の学校，通級による指導，特別支援学級のすべてにおいて，一人ひ

とりの生徒の障害の状態や発達の段階に応じた指導を充実させることが求められているからである。

　理科の観察，実験において，教師側の注意が必要な特性の1つとして，感覚過敏を挙げておきたい。感覚過敏とは，視覚・聴覚・嗅覚・味覚・触覚の五感の働きの中で，1つあるいは複数の感覚が敏感すぎるために，生活に困難さを抱えている状態のことをいう。自閉症スペクトラムを含む発達障害との関連が強いと言われているが，発達障害のない人にも感覚過敏の症状が出ることも珍しくない。光や色が大きく変化したり，強烈な臭いや大きな音が発生したりする観察，実験などでは，そのような特性をもつ生徒は不快感を覚えるだけでなく，大きく反応したり，パニックを起こすこともある。教師は普段から生徒個人の特性を把握しておくだけでなく，理科の活動でどのような刺激を生徒が受けるのかを予測しておく必要がある。特に，中学校・高等学校の理科実験では，小学校と比較して，取り扱いに注意が必要な薬品を多く使用する。薬品の使用に対して，恐怖心の強い生徒もいるため，実験などの活動中には，生徒の様子を常に観察することが不可欠である。

　なお，本節では，理科指導において留意すべき特性をいくつか指摘したが，もちろんこれらだけでなく，多くの特性が理科学習には関わっている。一律の固定化された理科授業を行うのではなく，様々な特性に対応できる教師の柔軟性が必要であろう。

参考文献

独立行政法人国立特別支援教育総合研究所（2020）『特別支援教育の基礎・基本2020』ジアース教育新社．

稲田結美（2019）『女子の理科学習を促進する授業構成に関する研究』風間書房．

文部科学省（2018）『中学校学習指導要領（平成29年告示）解説　理科編』学校図書．

小野隆行（2018）『「特別支援教育」重要用語の基礎知識』学芸みらい社．

（稲田結美）

Q 12　理科における環境教育について述べなさい

1．持続可能な社会における環境教育

　現在，私たちが暮らす地球は46億年という長い時間をかけて，さまざまな資源・エネルギー，海洋や大陸をはじめとする自然環境，そして生命を生み出してきた。しかし，人間による科学技術の繁栄と資源の利用に伴い，近年，地球環境が劇的に変化しはじめている。

　20世紀における経済・産業の発達とともに，地球環境の破壊，人間生活への様々な影響が取り沙汰されるようになり，地球環境を守るための教育「環境教育」がはじまった。環境教育のはじまりは，1972年ストックホルムで開催された国際連合人間環境会議における人間環境宣言が契機とされている。その後，1975年のベオグラード会議において，環境教育の目的や目標が設定された。

　環境教育の目的として，認識，知識，態度，技能，評価能力，参加の6項目が掲げられ，これらを身に付けることとされている。20世紀では，世界諸国で起こる地球レベルでの自然環境問題を解決するために必要な能力の育成が中心に進められていった。

　その後，21世紀に入り，環境教育の対象は自然環境にとどまらず，経済や社会を含めた持続可能な社会の構築をキーワードとして動きだし，1997年の環境と社会に関する国際会議（テサロニキ会議）を経て，2002年の持続可能な開発に関する世界首脳会議（ヨハネスブルグ・サミット）における「持続可能な開発のための教育（Education for Sustainable Development：ESD）や「国連持続可能な開発のための教育の10年（UNFESD）」と引き継がれて，現在の環境教育は新たなステージへと展開している。

2. 持続可能な社会における ESD と SDGs

（1）ESD

　現代の世界では環境だけでなく，貧困，人権，平和，産業といった様々な国際的な課題がある。しかも，それらは複雑に絡み合っている。ESDはこのような現代社会の世界的な課題を，他人事ではなく自分自身の課題として捉え，身近なところから取り組む（think globally, act locally）ことで，それらの課題の解決につながる新たな価値観や行動を生み出すこと，そのことによって持続可能な社会を構築・発展していくことを目指す活動や教育とされている。このように，ESDは持続可能な社会づくりの担い手（市民）を育む教育であり，ESDの推進には，次の2つの観点が必要と言われている。

　　○人格の発達や，自律心，判断力，
　　　責任感等の人間性を育むこと
　　○他人との関係性，社会との関係
　　　性，自然環境との関係性を認識
　　　し，「関わり」，「つながり」を尊
　　　重できる個人を育むこと
　環境，生物多様性，気候変動等，ESDの対象となる様々な課題への取組をベースにしつつ，環境，経済，社会の各側面から学際的に総合的に取り組むことが重要となる。

図3-12-1　ESDの概念図

（2）SDGs

　SDGsとは，持続可能な開発目標（<u>S</u>ustainable <u>D</u>evelopment <u>G</u>oals）を略したもので，エス・ディ・ジーズと呼ぶ。2001年に策定されたミレニアム開発目標（MDGs）の後継として，2015年9月の国連サミットで採択された，2030年までに持続可能でよりよい世界を達成するための国際目標である。17のゴール・169のターゲットから構成され，地球上の「誰一人取り残さない（leave no one behind）」ことをうたっている。SDGsは発展途上国のみならず，

先進国も含めてすべての
国が取り組むユニバーサ
ル（普遍的）なもので，
日本としても外務省をは
じめ，企業や自治体等が
積極的に取り組んでいる。

図3-12-2　SDGs　17の指標

　SDGsでは地球における
様々な課題解決のための
目標として，一般性，包
摂性，参画型，統合性，透明性の5つの基準が設けられ，人間（People），
繁栄（Prosperity），地球（Planet），平和（Peace），パートナーシップ
（Partnership）の5つのPでカテゴリー化されている。

（3）ESDやSDGsで目指すこと

　ESDやSDGsは，私たち人類が持続可能な社会を構築するためにどのよう
な教育を行えばよいか，また，2030年に向けてどのような目標が達成され
るべきかを示している。しかし，記述が一般的な例示であるため，抽象的
で，具体的には示されていない。

　ESDでは，ESDの視点に立った学習指導で重視する能力・態度の例として，
①批判的に考える力，②未来像を予測して計画を立てる力，③多面的・総合
的に考える力，④コミュニケーションを行う力，⑤他者と協力する態度，
⑥つながりを尊重する態度，⑦進んで参加する態度の7つが示されている。
環境教育でも示したように，環境教育やESDでは，特定の話題に関する知
識や技能を習得することだけでなく，課題や問題の解決に対して行動できる
人材育成が目標となっている。したがって，環境教育やESDにおいては，
関係する環境問題や地域の自然に関する課題を取り上げ，その課題解決を行
う中で，生徒の資質・能力を伸ばし，解決するための行動力が求められるこ
とになる。これは理科学習において中心となる科学的な探究の能力と関連す
るものであり，共通した事項となっている。

3．中学校理科における環境教育

中学校理科において，環境教育やESD・SDGsはどのように捉え，授業等で実践を行えばよいのだろうか。環境教育指導資料（中学校編）では中学校での環境教育のねらいとして，①環境に対する豊かな感受性や探究心の育成，②環境に関する思考力や判断力の育成，③環境に働きかける実践力の育成の３点が示されている。

また，環境教育を通して身に付けさせたい能力や態度の例としては，①環境を感受する能力（感受），②問題を捉え，その解決の構想を立てる能力（構想），③データや事実，調査結果を整理し，解釈する能力（解釈），④批判的に考え，改善する能力（批判），⑤環境に興味・関心を持ち，自ら関わろうとする態度（関心），⑥公正に判断しようとする態度（公正），⑦合意を形成しようとする態度（合意），⑧情報を発信しようとする態度（発信），⑨自ら進んで環境の保護・保全に参画しようとする態度（参画）の９項目が挙げられている。さらに，対象となる環境を捉える視点の例として，資源の循環，自然や生命の尊重，生態系の保全，異文化の理解，共生社会の実現，資源の有限性，エネルギーの利用，生活様式の見直し等が挙げられている。

上記に示された事柄を，中学校での環境教育として達成するためには，多様な体験活動の充実を図ることが必要である。理科で取り組む場合は，観察，実験，調査，見学，実習，討論等の体験的な活動を積極的に導入し，生徒が体験の中から身近な環境問題を見いだし，解決策を模索し，実際に行動できるような学習活動を取り入れる必要がある。

中学校理科で環境教育を行う中心的な学習単元としては，中学校第３学年での「エネルギーと物質」「生物と環境」「自然環境の保全と科学技術の利用」が挙げられる。これらの単元では，第１分野においてはエネルギーとエネルギー資源（放射線を含む），様々な物質とその利用（プラスチックを含む），科学技術の発展，第２分野においては生物多様性，自然環境の調査と環境保全，地域の自然災害といったESDでの主要なテーマとなっている環境問題を具体的に取り扱うこととなっている。しかしながら，これらの単元

では，従来，観察・実験として行う題材がほとんど見られず，教科書を中心とした学習や調べ学習で進められていることが多い。そこで，このような単元で地域における課題や情報を取り上げつつ，体験的，活動型の教材を組み合わせて授業を実施することで，生徒の資質・能力を育成することが考えられる。また，地域に応じた課題を取り上げることで，地域の人材と連携を図り，社会に開かれた教育課程の実現にも貢献することが可能である。

　また，その他の単元においても，今回の理科で重視されている自然環境に関わる「火山と地震」，「気象」等の発展として扱われる自然の恵みと災害に関わる単元で取り扱うことが可能である。一方SDGsの観点からは，今までに挙げられた環境問題だけでなく，科学技術と産業の基盤の観点から第1分野の物質・エネルギーに関する学習単元や，健康と福祉，飢饉を減らそうといった観点から生命の多様性，連続性に関する学習単元でも取り扱うことが可能である。新しい項目を立てるのではなく，学習単元と日常生活との関連として身近な話題と関連させること，知識の習得にとどまるのではなく，生徒の思考・判断・表現等など行動につなげることが重要である。

　最後に，環境教育は，環境を学ぶものでなく，環境について，現代では持続可能な社会について考え，生きることができる人間を育てることが期待されている。期待される資質・能力や視点を含め，生徒の主体的な学習活動を展開し，グローバル（世界的）な視点を意識しながら，ローカル（地域的）な視点で活動すること，考えることを特に注意して，指導を行うべきである。

参考文献

外務省　SDGsとは？　https://www.mofa.go.jp/mofaj/gaiko/oda/sdgs/about/index.html　2020年4月19日閲覧．

国立教育政策研究所教育課程研究センター（2017）『環境教育指導資料（中学校編）』東洋館出版社．

文部科学省　持続可能な開発のための教育　https://www.mext.go.jp/unesco/004/1339957.htm　2020年4月19日閲覧．

（大鹿聖公）

Q13 理科における実験の安全指導について述べなさい

　理科における観察，実験，野外観察などの活動は，生徒の自然の事物・現象への興味・関心の喚起，科学的に探究する力の育成，科学的な知識及び観察，実験の技能の習得，科学的に探究しようとする態度の発達などを図るために重要である。活動を安全に実施する能力を身に付けるとともに，学んだことを活かして日常生活を安全に過ごすことができるよう，安全指導が求められる。安全指導は，生徒を取り巻く学習環境を安全に保つための安全管理と一体的に取り組むことが肝要である。このことを踏まえ，本項では，実験を中心とした安全指導の要点について述べる。

1．活動の計画と準備

　実験を安全で効果的なものとするために，授業に取り入れるにあたり，年間指導計画における位置付け，活動の目的や内容を明確にする。学習の目標や内容に照らして実験を選定し，生徒の知識やスキルの習熟度に応じて安全性の高い無理のない方法を選択する。事前に予備実験を行い，適切な器具や操作方法，薬品の濃度や使用量など，生徒が実験を行う際の具体的な条件を検討する。あわせて操作上の危険要素を把握し，安全に実験を行うための指導に活かすようにする。このとき，授業ですべてのグループが同時に実験を行う際の状況も想定しておく。また，薬品を取り扱う実験では，薬品の性質，例えば爆発性や引火性，毒性など，危険性の有無も把握しておく。

2．学習環境の整備

　理科室では，安全に活動するために，日頃から実験器具などの整理整頓と整備点検を心がける。実験器具は，生徒，教師ともに使いやすいよう保管場所を一定にして配置し，使い方を周知する。実験を行う前には使用する器具や機器の点検を行い，破損や故障など不具合がないかを確かめる。これらに

より，授業における時間のロスや思わぬ事故の発生を防ぐことができる。

　実験に使用する薬品や放射性同位体などは，関係する法律に従って適切に管理する必要がある。薬品は異物の混入や変質が起こらないよう性質により類別し，転倒防止の措置を施した薬品庫で保管する。毒物や劇物などの危険な薬品等については，紛失や盗難のないよう施錠しておく。薬品の購入は年間計画に従って最小限にとどめ，薬品在庫簿により在庫量を管理する。

　万一の事故や怪我に冷静に対応するためには，事前準備が不可欠である。過去の事例などを参考に，予想される事故について検討し，対応方法を考えておく。救急箱や消火器等を準備するとともに，応急処置の方法を身に付ける。保健室，救急病院，関係諸機関，校長及び教職員などの連絡先をまとめ，見やすい場所に掲示しておく。生徒が怪我をした場合には，関係各所と連携し適切に処置を行うと同時に，必ず生徒の保護者へ状況を連絡する。

3．活動中の指導

　生徒が安全に実験を行うためには，実験における基本的な態度を身に付けること，基本操作や正しい器具の扱い方に習熟すること，活動で起こりうる事故の事例を知り発生の原因を把握すること，器具の誤った操作や使い方による危険性を認識すること，などが重要となる。

　実験にあたって生徒が身に付けるべき基本的な態度として，実験中は机上を整頓して操作に取り組むこと，器具の破損など異変が起きた場合には教師に報告して指示を仰ぐこと，終了時には器具に薬品が残らないよう洗浄し，元の場所へ返却すること，最後に手を洗うこと，などがある。また，薬品の付着や衣服等への引火などの実験中の事故から身を守るために，活動時の服装を整えることも大切になる。実験時には，皮膚の露出がなるべく少なく，緊急の場合の脱衣が容易であり，引火しにくい素材の衣服や白衣を着用する。靴は足先が覆われ底の安定したものとし，長い髪は後ろで束ねておく。薬品や岩石片などが飛散して目に入る可能性がある場合には，常に保護眼鏡を着用するよう習慣付ける。実験の基本操作とともに，これらの態度を身に付けていくには，実験の場面で繰り返して指導していくことが必要となる。

実験場面における危険性を生徒自身が認識し，主体的に安全な行動をとることができるよう，例えば，危険図を用いて危険を予測し，回避するための方法について話し合う活動や，実験操作に関わる動画教材の視聴を取り入れるなど，指導の工夫を行うとよいだろう。また，実験を開始する前に安全上の留意事項を確認するなど，生徒自身が安全対策に目を向けるようにする。

ところで，実験で使用した薬品の廃液や廃棄物は，環境保全に関係する法律に従って適切に処理する必要がある。生徒に廃液や廃棄物の回収や処理の方法について意識させることは，環境への影響や環境保全について考えさせるよい機会となる。資源の有効利用や環境保全の観点から，実験を計画する段階で，使用する薬品の量をできる限り少なくしたマイクロスケールの実験を選択することも考えられる。

４．安全に関する資質・能力の育成に向けて

『中学校学習指導要領（平成29年告示）解説総則編』（文部科学省，2018）では，現代的な諸課題に対応して求められる資質・能力の育成に関して，安全に関する教育が取り上げられている。安全に関わる教育は，各学校において策定された学校安全計画のもと，教科の学習のみならず，学校の教育活動全体で取り組まれるものである。取り組みを通して，生徒自らの安全を確保することのできる基礎的な資質・能力を育成していくことが求められている。安全教育の目標は，『学校安全資料』（文部科学省，2019）に次の通り示されている。

日常生活全般における安全確保のために必要な事項を実践的に理解し，自他の生命尊重を基盤として，生涯を通じて安全な生活を送る基礎を培うとともに，進んで安全で安心な社会づくりに参加し貢献できるような資質・能力を次のとおり育成することを目指す。

○　様々な自然災害や事件・事故等の危険性，安全で安心な社会づくりの意義を理解し，安全な生活を実現するために必要な知識や技能を身に付けていること。（知識・技能）

○　自らの安全の状況を適切に評価するとともに，必要な情報を収集し，安全な生活を実現するために何が必要かを考え，適切に意思決定し，行動するために必要な力を身に付けていること。(思考力・判断力・表現力等)

○　安全に関する様々な課題に関心をもち，主体的に自他の安全な生活を実現しようとしたり，安全で安心な社会づくりに貢献しようとしたりする態度を身に付けていること。(学びに向かう力・人間性等)

　理科では，学習活動を通して，科学の知識をもとに日常生活の場面における危険を理解し，安全に行動する方法を身に付けること，また，災害を引き起こす原因となる自然現象の仕組みを理解し，正しい備えと適切な判断，行動ができるようにすること，などの役割を担っている。他教科等での取り組みとも連携を図りながら，実生活や実社会に活かすことのできる，安全に関する資質・能力の育成を目指していく必要があるといえるだろう。

参考文献・URL

文部科学省 (2018)『中学校学習指導要領（平成29年告示）解説　総則編』東山書房.

文部科学省 (2019)『学校安全資料 「生きる力」をはぐくむ学校での安全教育』東京書籍.

文部科学省 (2018年)「文部科学省×学校安全」 https://anzenkyouiku.mext.go.jp/

(三好美織)

Q14 大学との接続・連携を意識した高等学校理科の指導法について述べなさい

1. 高等学校理科と大学との接続・連携の実際

　高等学校理科の指導という視座から見たとき，大学との接続・連携の方向性は，その目的に応じて，いくつかの類型がある。

・将来活躍しうる科学技術関係人材を，中等教育段階から育成する
・高校生が科学について深く知り，科学的探究を遂行する力を高める
・高校生が大学での学びに触れ，進路や大学の専門分野について考える

　ここでは，高等学校の理科の指導に直結している取り組みとして，スーパーサイエンスハイスクール（以下，SSH）に見られる取り組みに着目して述べていく。SSHは文部科学省が2002（平成14）年から始めた事業である。全国200校程度（令和2年度は217校）の高等学校等が指定され，先進的な理数教育，高大接続の在り方についての大学との共同研究，国際性を育むための取り組みの推進，創造性・独創性を高める指導方法や教材の開発等を実施する。各指定校の取り組みは，年度ごとに報告書として公開されている。

　SSHにおける大学との接続・連携では，以下のような取り組みが行われている。それぞれ具体的に述べていく。

（1）講演や特別講義

　研究者を高校へ招聘し，講演や特別講義を実施している事例が多く見られる。このような講演や特別講義が実現に至るきっかけは様々である。

・高校側（教育委員会，学校法人を含む）からの要請に大学側が応じる場合

　科学への興味関心を高める目的や，特定の分野に対する理解を深める目的，あるいは進路意識を高める目的等で，研究者に講演や特別講義を依頼する場合がある。学校関係者（教員，生徒，保護者，地域社会等）と，研究者とのつながりが端緒になることもある。

・大学側からの要請に，高校側（学校法人や教育委員会）が応じる場合

　大学側が，社会貢献の一環として出前講義を行う学校を募集するケースも少なくない。1度に複数の研究者を派遣できる場合もあるため，複数学年に対する講演や，学年よりも小さな単位で講演を行うことなども考えられる。

（2）課題研究の指導

　SSHでは課題研究が成果事例の1つに位置づけられており，基本的に各指定校は何らかの課題研究に取り組んでいる。課題研究のトピックは，高校で学習する内容の延長上で設定することが多いが，分野によっては高度な機器が必要になったり，専門的な助言が必要になったりと，高校だけでは手に負えなくなるテーマもある。このようなときに，大学へ支援を求めることがあり得る。基本的には高校から大学へ支援の要請をするが，手紙や電子メールでの問い合わせから始めることも珍しくない。また，後述のように研究発表会等で，研究者との出会いがあるケースもある。

（3）大学の授業体験，大学訪問

　理数系科目に関心をもつ高校生の大部分は，大学でも理系学部・学科へ進学したいという希望をもっているが，具体的に大学で何をどのように学んでいるのかについて，イメージをもっていない生徒も多い。大学側としても，関心意欲の高い高校生に，大学での学びに触れてもらうことで，大学へ進学する意識を高めると共に，高校生のうちに当該分野への理解を深めてほしいという願いがある。特に，高校の教科・科目として位置づけられていない分野や，高校での扱いの少ない分野からは，大学に多様な学問分野があることを高校生に知ってほしいというニーズもある。このような背景から，大学に高校生を招いて授業体験を行ったり，オープンキャンパスの形で専門分野の紹介をしたりすることがある。高校と大学が連携協定を結んでいる場合などは，特定の高校を対象に特別な訪問日時が設けられることもある。

（4）科学コンテスト，研究発表会等への取り組み

　国内外で実施されている科学コンテスト（科学の甲子園，科学オリンピック等）や，生徒の研究発表会への取り組みをきっかけにして，大学の研究者や大学院生とつながりをもつこともある。高校生向けの研究発表会を主催したり，希望者対象の科学コンテスト対策講座を実施したりする大学もある。

（5）その他

　科学系の部活動に，大学院生が「アドバイザー」等として派遣される事例や，海外の学校が日本の大学を訪問するのを機に，周辺の高校に声がかかる事例などがある。また，SSHにおいては，海外研修でも国内外の大学の支援を受ける場合がある。高校にとって，現地研究者とのつながり，現地大学や施設の見学，現地調査に必要な事前手続きなど，言葉の壁と研修内容の壁の両方を乗り越えるのは容易ではないが，国内に該当分野を専門とする研究者がいることで，様々な障壁が取り除かれ，研修が実現することもある。海外で研修を行う際は，その研修内容が多岐にわたるため，事前・事後研修で，国内の研究者に特別講義を依頼するなどの工夫も必要になる。

２．大学との接続・連携を意識した高等学校理科の指導法

（1）生徒の探究を支え，生徒の探究を深めることをねらいとする

　研究者による講演や，大学・研究機関の訪問は，研究現場にじかに触れることのできる貴重な機会である。理科においては，探究の重要性が事あるごとに叫ばれているが，研究のプロから直接話を聴く機会は，生徒の探究への意欲をかき立てるうえでも，研究という営みの重要性，探究する際に必要な態度，心の持ちようなどを知るうえでも，大事にしたい。全校・学年単位といった大規模な講演会でも効果は見込まれるが，少人数対象の講演や特別講義，課題研究の個別相談などは，研究者をより身近に感じられるので，生徒へのインパクトはより強いであろう。生徒の探究を支えるという視点で大学との接続・連携を進め，生徒の探究がより深まることを目指したい。

（2）理系へ進学する生徒が，目的意識を持って学習するための道標とする

　講演や特別講義，課題研究等の場面で，大学での知的探究の深みを感じ，大学で学びを深めようと決意を新たにする生徒が出ることが望ましい。生徒が視野を広げられるよう，指導の中でも配慮する必要がある。その点では，連携の誘いがあれば，参加してみるという心がけも重要である。

（3）課題研究の水準を高める一助とする

　課題研究についても，高校では指導の限界があるようなトピックが，さら

に深掘りできる可能性が高い。課題研究の精度や達成度が向上すれば，生徒がより納得のいく結論を得ることや，深い思考に基づいて考察することへつながる。また，課題研究の指導について，教員も新たな視点を得られる。

3．高等学校理科と大学との接続・連携における留意点

　生徒の疑問や関心は，講演時点までに生徒が学んでいる内容や，生徒の周囲にある最先端の現象・事物によって様々である。その点で，大学と連携する際には，講演内容等について事前によく打ち合わせをすることが肝要である。またその際に，授業進度なども伝えておくとよい。

　特に課題研究においては，大学に出入りする頻度の増えるケースが時折見られる。高校生は，理科だけに多くの時間を割くわけにはいかないので，生徒にとって無理がないかどうかを，高校教員が目配りをしなければならない。また，大学に赴いて研究をする場合は，安全管理や保険加入，引率等についても，高校内で細則を決め，大学とも協議しておく必要がある。

　講演や特別講義，課題研究等で，大学と連携を増やすと，往々にして理科教員に大きな負担がかかる。例えば学年や全校単位で開く講演会等は，あえて他教科の教員を主担当にするなど，全校体制を構築するよう心がける。

　大学の研究者から指導を受ける場合の謝礼等も重要な観点である。SSHでは講師謝金等が支援対象になるが，SSHでなくても，各種補助金，地方公共団体や大学による出前講義事業等を利用して講師を招聘する手段はある。また，学校の同窓会やPTA等の組織に，費用面の支援を依頼する手もある。

参考文献・URL

中村泰輔（2020）「大学・研究機関との全校的・継続的連携で，生徒の探究を支える —— 筑波研究学園都市に位置するSSHとしての取り組み」『理科の教育』69（5），305-307.

スーパーサイエンスハイスクール（SSH）　https://www.jst.go.jp/cpse/ssh/（2021年9月12日閲覧）.

（中村泰輔）

Q15 理科における ICT の活用について述べなさい

　理科における ICT の活用は，観察と実験の充実のため，学習の支援のため，情報収集のため，情報モラルの学習のために活用できる。

1. 観察と実験での ICT の活用

（1）映像を用いた様々な自然現象の観察

　様々な自然現象を，映像を用いて観察させることができる。映像は，大型ディスプレイ，液晶プロジェクタなどを用いて教室全体で観察させることも，タブレットやノートパソコンなど個別に観察させることもできる。映像は，教師自身が撮影したものの他，インターネット上にあるものも利用できる。

　映像を使うことには，繰り返し観察でき，実際に観察できないものを観察させることができるという利点がある。化学反応，植物の生長，発生，天体の運動など時間がかかる観察も，あらかじめ撮影したものがあれば，繰り返し観察することや映像の早送りでの視聴により時間を短縮した観察ができる。他にも，地形や地質など現地への移動が必要なもの，天体など夜の観察が必要なものについても教室で授業時間内に観察することができる。また，高圧の電源，危険な薬品，放電や爆発など教室で観察させることが難しいものについても，安全に観察をさせることができる。他にも，実験器具や薬品を買わなくてよい，実験の準備と片づけに時間がかからないという利便性もある。

（2）理科実験でのデータ収集と処理

　理科実験では，測定と記録に ICT を活用することができる。データ収集のためのセンサ類は，ワイヤレスでタブレットやパソコンに直接つなぐことができる比較的安価なセンサもあり，タブレットやパソコンでのデータ処理は操作もわかりやすいため，理科の授業でも活用しやすくなっている。

　センサを使う測定には，精度の高い測定，多数のデータの取得，長時間にわたり継続的なデータ収集ができる利点がある。またデータは，タブレットやノートパソコンなどで表やグラフの形で瞬時に示し，近似曲線を描き，数

式で表すこともできるなど，生徒に視覚的に捉えさせ，規則性を見いださせ
ることにより，法則の理解につなげさせることが容易になる。

（3）シミュレーションを用いた**条件を変えた場合の観察**

実験の条件を変えた結果や，視点を変えた場合の観察結果を動画の形で示
すシミュレーションの提示にもICTを活用できる。シミュレーションには，
観測しにくい様々な条件下の実験，モデル図とともに見ることができる観
察，早送りやスローモーションなど時間を変えた観察，場所や時間を変えた
場合の天体の観察など，様々な実験や観察を見ることができるという利点が
ある。インターネット上には，アプリケーションとして配布されている物の
他に，HTML5で作成されたWebブラウザ上で動くシミュレーションもあり，
利便性が高いものがある。

（4）**観察と実験でのICTの活用の注意点**

映像による観察は，実際に見ること，聞くことに比べて，生徒の印象に残
らない場合があることには注意が必要である。また，センサによるデータの
収集や，観察と実験の代替としてシミュレーションを行うことは，必要なス
キルや考え方が身に付かない，探究の方法の理解に結び付かない可能性があ
る。またシミュレーションで条件を変えて操作することだけに生徒が注意を
払ってしまうと，背景にある原理やモデルの理解に結び付かないことがある
ことにも注意が必要である。

2．学習の支援のための ICT の活用

（1）**図表や実験器具の大きな掲示**

プロジェクタなどで図表や実験器具を大きく提示することにICTが活用で
きる。大きく掲示することには，次のような利点がある。

① 指示の明確化

実験器具を大きく提示することにより，指示を明確化できる。例えば，
実験の手順や電流計の読みなど実験器具の使い方などわかりやすく示すこ
とができる。

② 連続的に動かすことができる図の提示

コンピュータで図を示すことにより，値を連続的に変えて図表を示すことができる。例えば，レンズからの物体の距離を連続的に変え，それぞれの場合のレンズが作る像を示すことや，飽和水蒸気量のグラフでは，温度を連続的に変え，水蒸気と水の割合の変化を見せることができる。

③　生徒の発表での活用

生徒がクラス全体に発表する際に，実物投影機とプロジェクタなどを用いて拡大して示したり，映像や写真などを含む発表を行うこともできる。

（2）知識の定着の確認

コンピュータを使うことにより，生徒の知識の定着を確認することができる。コンピュータ上のソフトウェアを使い生徒が自分で知識の理解を確認できる小テストを行ったり，「Kahoot!」など授業中に生徒にタブレットなどを使わせクラス全体で早押しクイズの形で知識の理解を確認することもできる。

（3）教材の配信と学習の管理

学習教材の配信と管理を行う LMS（Learning Management System）を利用すると，映像や音声を含めた資料の配信，小テストなどの実施，提出物の管理など統合的に学習を管理することができる。

３．情報の収集

（1）インターネットを用いた様々なデータ収集

インターネットを用いることにより，様々な情報を収集することができる。例えば，蓄積されている天気図や気温の変化などのデータ，遠隔地のデータ，沸点や密度など物質のデータを収集することができる。他にも研究機関が公開している最新のデータや専門的なデータを入手することもできる。

（2）遠隔地との連絡

インターネットを使い遠隔地と映像や音声で連絡をとることで，他の地域の学校と情報を交換したり，学校外の専門家から話を聞いたりすることができる。地域が異なることによる気候，植生，地形の違いなどの理解や，専門家に最新の知見を聞くこと，専門家の仕事の理解の手助けなどにつながる。

4．理科授業での ICT 活用と情報モラル教育

　情報モラル教育は，情報社会で適正な活動を行うための基になる考え方と態度を育成することである。理科では，情報の収集と発信の際に情報モラル教育に関連する内容を扱うことができる。

（1）情報収集の際の注意

　インターネットを使った情報は，適切なものばかりではない。理科授業での情報収集の際には，情報源や情報の信頼度を検討させること，複数の情報源にあたることにより信頼性を考慮した情報収集をさせることが重要となる。また，適切ではない情報収集の事例も提示し，意識的に正しい情報の収集方法についても学ばせたい。なお，客観的で統一見解があると考えがちな自然科学の内容にも，多様な考えがあることを知ることができれば，科学は様々な考えの中から合意が得られることにより，その理論が作られていくという科学の性質（Nature of Science）について学ぶ機会にもなる。

（2）情報を発信するときの注意

　学習の成果は，ICTを活用すると広く発信することが可能となる。情報の発信には，個人情報が含まれていないこと，著作権や知的財産権に注意を払うこと，適切に引用することなどに注意することが必要になる。

参考URL

コロラド大学「PhET」　https://phet.colorado.edu/ja/

DongJoon Lee「Java 実験室」　https://javalab.org/ja/about_ja/

Kahoot!「Kahoot!」　https://kahoot.com/

国立天文台「Mitaka」　https://4d2u.nao.ac.jp/html/program/mitaka/

京都大学地球科学輻合部可視化グループ「ダジック・アース　デジタル地
　　　　　　球儀」　https://www.dagik.net/

NHK「NHK for School」　https://www.nhk.or.jp/school/

（全て 2021 年 9 月 13 日閲覧）.

（畑中敏伸）

Q16 理科におけるモデル・モデリングについて述べなさい

1. 理科におけるモデル・モデリング

　理科におけるモデル・モデリングは，40年以上前から理科教育学の領域の1つとして研究されていた。近年改めて注目が集まっているのは，科学哲学の領域で提唱されている科学理論の意味論的捉え方が理科教育に取り入れられてきたことによる（Develaki, 2007）。科学理論の意味論的捉え方とは，科学理論を，世界を抽象化・理想化した「モデル」と捉え（森田，2010），科学理論を意味論的対象とみなす立場である（戸田山，2005）。この科学理論の意味論的捉え方では，科学者の主な活動は，モデルの構築（モデリング）とテストで説明される（Giere, 1991）。このような考え方を理科教育に援用するならば，子ども一人ひとりは科学者であり，モデルを適用したり，構築したり，修正していったりすることを通して，集団で自然事象を説明・予測するモデルを洗練していくことが理科授業の中心となる。

2. 理科におけるモデルとはなにか

（1）モデルの具体例と類型
　一般に，理科におけるモデルとは，ある自然事象を説明・予測することを目的として作られた，様々な形式で表される表現物をいう。ここで言う形式とは，たとえば，具体物，スケッチ，（模式）図，記号，数式，グラフ，概念，アニメーション，シミュレーションなどを指す。具体的なモデルとしては，たとえば，人体模型，タンポポのスケッチ，アブラナの模式図，系統樹，周期表，回路図，オームの法則（$V = RI$），プラネタリウム，水流モデルなどが挙げられる。上述したモデルを，形式と説明・予測する自然事象という2つの視点から整理すると，表3-16-1のようになる。

表3-16- 1　モデルの具体例

モデル	形式	説明・予測する自然事象
人体模型	具体物	人体の構造
タンポポのスケッチ	スケッチ	タンポポの構造
アブラナの模式図	模式図	アブラナの構造
系統樹	図	生物の種の類型
周期表	表	元素の周期
回路図	記号を用いた図	電気回路における要素間のつながり
$V = RI$	数式やグラフ	電流，電圧，抵抗の数量関係
水流モデル	概念	電気回路における電流と電圧の関係
中和反応のアニメーション	記号とアニメーション	中和反応の過程
プラネタリウム	シミュレーション	地表からの天体の見え方

　表の形式について補足すると，形式は，静的形式（具体物，スケッチ，模式図，図，表，記号，数式，グラフ，概念）と動的形式（アニメーション，シミュレーション）に分類できる。動的な形式は静的な形式と比べて，自然事象の「過程」を表すことに向いている。

　一方，説明・予測する自然事象については，主に，構造，数量関係，過程などに分類できる。構造としては，人体模型，タンポポのスケッチ，アブラナの模式図などが当てはまる。数量関係としては，上述した例でいえば，$V = RI$が当てはまる。最後に，過程としては，中和反応のアニメーションやプラネタリウムが当てはまる。このように，理科におけるモデルは多様であることがわかる。

（2）理科におけるモデルの特徴

一般に，理科におけるモデルは次のような性質をもつ。

①　理科におけるモデルは，自然事象を説明したり，予測したりするものである。

②　理科におけるモデルは，自然事象を抽象化・理想化したものであり，自然事象のある一部は抽象化・理想化にともない捨象される。

③　理科におけるモデルは，説明・予測する目的に応じて，様々な形式をとる。

④　①〜③の特徴を有するため，理科におけるモデルを用いた説明・予測には限界がある。

⑤　説明・予測の向上のために，モデルは更新される。このため，モデルは暫定的である。

　上述した性質を，「水流モデル」を例に説明する。水流モデルとは，電気回路に流れる電気の流れを水の流れにたとえて，電気回路における電流，電圧の関係を説明するモデルである（性質①）。このとき，水流モデルは電流や電圧の合成については説明できるものの，抵抗の合成については説明することは困難である（性質④）。つまり，電気回路の一部の性質は捨象されている（性質②）。電気回路における電流，電圧の関係を説明するモデルとしては，電子を小さな球で表す粒子傾斜モデルがある。このように，説明・予測する自然事象の何を顕在化させるかによって，表す形式は異なってくる（性質③④）。そして，電気回路の説明の１つとして用いられる水流モデルは，新たなメタファーによって，より説明・予測が洗練されたものに変わっていく可能性があることから，モデルはあくまで暫定的であると言える（性質⑤）。

3．理科におけるモデリングとは何か

（1）モデリングの過程

　理科におけるモデリングとは，モデルを適用したり，構築したり，修正していったりすることを通して，自然事象を説明・予測するモデルを洗練していくことをいう。モデル・モデリングを中心とした学習は，一般に，次のような過程を踏む。

①　説明・予測する自然事象を設定する。

②　設定した自然事象の特徴を抽出する。

③　抽出した特徴を踏まえ，既存のモデルをもとに新たなモデルを構築する。

④　より妥当な説明・予測となるように，構築したモデルを修正する。

　理科におけるモデリングの目的は，自然事象を説明・予測するモデルを構

築することである。モデリングの学習活動の具体例として，ここでは，雲財・和田・岩田（2019）を取り上げる。雲財・和田・岩田（2019）では，説明する自然事象として「日食の周期」を設定し（過程①），月，地球，太陽の位置関係を説明するモデルである三球儀を用いた説明では，現実のデータと矛盾することを確認した（過程②）。次に，三球儀が捨象している特徴を見いだすために，月，地球，太陽を模したモデル実験を行い，その結果をもとに日食の周期について説明する新たなモデルを構築した（過程③，過程④）。このように，ある自然事象を説明・予測するモデルを洗練していく活動がモデリングである。

4．モデルやモデリングを中心とした学習の留意点

モデルやモデリングを中心とした学習は，科学概念の形成，モデルを用いた科学の方法の習得，科学的モデルを中心とした科学の本質の理解など，様々な効果が期待されている。なんのためにモデルを使うのか，なんのためにモデリングを行うのかなど，授業の目的・目標と合わせてモデルやモデリングの導入を考えていくことが重要であると考える。

参考文献

Develaki, M.（2007）．The model-based view of scientific theories and the structuring of school science programmes, *Science & Education*, *16*（7-8），725-749.

Giere, R. N.（1991）．*Understanding scientific reasoning*. Harcourt College.

森田邦久（2010）『理系人に役立つ科学哲学』化学同人.

戸田山和久（2005）『科学哲学の冒険　サイエンスの目的と方法をさぐる』NHKブックス.

雲財寛・和田健・岩田真（2019）「モデリングにおける批判的思考力の育成に関する基礎的研究――中学校理科第3学年「太陽系と恒星」を事例として」『日本科学教育学会第43回年会論文集』43，111-112.

（雲財　寛）

Q17 理科におけるメタ認知の指導について述べなさい

1. メタ認知とは？

　メタ認知（metacognition）とは，認知現象についての知識と認知であり（Flavell, 1979），心理学者のFlavellが記憶発達の研究において，メタ記憶（metamemory），つまり「自分の記憶状態について知る」という能力に着目して子どもの記憶発達を解明しようとしたのが始まりと言われている。メタ認知研究の発展に大きく寄与したBrownは，メタ認知を認知についての知識（knowledge about cognition）と認知の調整（regulation of cognition）という2つの側面から捉えていた（Brown & Campione, 1981）。このメタ認知の定義については，現在までに多くの研究者が検討してきているものの，静的な側面である「知識」と動的な側面である「調整（または技能）」という2つの側面で整理されている点は概ね共通している。そして，この2つの側面には幾つかの構成要素が含まれており，例えばSchraw et al.（2006）は，「知識」の構成要素として，
- 宣言的知識（学習者としての自分自身や，認知に影響する要因についての知識）
- 手続き的知識（手続き的技能の実行に関する知識）
- 条件付けられた知識（認知行動をいつ，なぜ適用するかについての知識）

の3つを挙げている。また，「調整」の構成要素として，
- 計画（適切な方略の選択と認知資源や時間の配分）
- モニタリング（学習をコントロールするために必要な自己評価の技能）
- 評価（自分の学習の成果や調整過程の評価）

の3つを挙げている。モニタリングと評価の違いがやや分かりにくいものの，Schraw & Moshman（1995）ではモニタリングは「理解度や課題の状況をon-lineで意識すること」と説明されていることから，認知活動と並行し

て機能するのがモニタリングと解釈できる。また,「調整」の構成要素については,モニタリングとコントロールの2つで説明される Nelson & Narens (1994) のモデルも有名である。ただし,このような構成要素の分類については,分類の枠組や構成要素間の関係についてより一層明確にする必要があるという指摘もある (Veenman et al., 2006)。

　なお,メタ認知は高次の思考スキルであることから,クリティカル・シンキングや自己調整学習といった認知機能とも密接に関わっている (Schraw & Robinson, 2011)。

2.　理科におけるメタ認知

　理科においては,教科書を読む,科学的な探究を行う,ノートやレポートをまとめるといった様々な過程を通して学んでおり,それぞれの場面に応じた認知過程が存在する。それでは,このような学びにおいてメタ認知はどのように関わるのであろうか。Veenman (2012) によると,説明的文章を読んで学習する際のメタ認知プロセスについては多くのことが知られており,熟達した読者は,文章のテーマや要点を把握するためにタイトルや段落の見出しを読み,本文に目を通し,主題に関する重要な知識を活性化させながら最後の段落を意図的に読んだり,状況に応じたゴールや計画を設定したりする。また,読解中は,個々の単語のレベルだけでなく,段落やテキスト全体のレベルでも自分自身の理解度を確認しており,このような傾向は物理学の教科書を読むときにも同じように適用できるとしている。換言すると,熟達した読者は計画やモニタリングの重要性を理解しており,実際にそれらを機能させていると言える。また,探究学習の実験計画立案における重要なメタ認知的特徴は,変数制御であるという報告も見られる (Chen & Klahr, 1999)。熟達した学習者は,システマティックに1度の実験で1つの変数だけを変化させるのに対し,未熟な初学者は実験において2つ以上の変数を変化させる傾向があることが報告されている (Veenman, 2012)。そして,熟達した学習者の仮説に基づく変数制御された活動では,適切なモニタリングと評価プロセスが可能となる (Veenman et al., 1997; 2004)。ここでは,実験計

画立案におけるメタ認知を技能（調整）の側面から取り上げているものの，実験計画に関する手続き的知識や条件付けられた知識を有しているからこそ機能するものであることは論をまたない。

3．理科におけるメタ認知の指導

　理科の学習においては，観察や実験といった探究活動が重視されており，この活動を通して科学の知識や方法を学びながら科学的な推論をしているとも言える。このため，理科の学習を通してメタ認知を指導するということは，科学的な探究や推論といった一連の過程において生徒がメタ認知を有効に機能させることができるよう指導を工夫する必要があるということになる。一方，Schraw & Gutierrez（2015）は，メタ認知的方略の指導は過去30年間の教育研究の中で最も活発で重要な分野の１つであり，いくつかの相互に関連した方略を組み合わせた指導は単一の方略の指導よりも効果的であることや，短期的な指導よりも６週間から数カ月にわたる継続的な指導の方が効果的であることを指摘している。そこで，日本における近年の教育改革の動向とこれまでの研究による知見を統合的に解釈してみることにする。

　平成28年12月の中央教育審議会答申（中央教育審議会，2016）に基づく学習指導要領においては，育成を目指す資質・能力が３つの柱で整理され，評価に際しては「知識・技能」と「思考・判断・表現」に加えて「主体的に学習に取り組む態度」を評価することになっている（国立教育政策研究所，2020）。特に，３つ目の態度については「自らの学習状況を把握し，学習の進め方について試行錯誤するなど自らの学習を調整しながら，学ぼうとしているかどうかという意思的な側面を評価することが重要である」（p. 10）と述べられているように，メタ認知や自己調整という観点からの指導や評価が求められている。また，各教科に固有の見方・考え方を働かせ，資質・能力を育成することを目指すとされており，理科においては比較や関係付け，条件制御などが「考え方」として示されている。比較や関係付け，条件制御といった「考え方」は問題解決における方略であり，科学的な探究という領域に固有のメタ認知的知識に相当すると考える。これらの方略は，探究の過程

において具体的に指導することが可能であり，例えば自然事象に対する気付きに基づいて課題を設定する場面において，複数の事象を意識的に比較することの意味や重要性を説明したり，実験を計画する場面において条件を制御することの意味や重要性を説明したりすることが想定される。先行研究での知見を踏まえると，まず教師自身がメタ認知についての理解を深め，探究の過程において必要となる一連の考え方を意図的かつ継続的に指導する必要があると考える。

4．メタ認知の評価

メタ認知はその特性上，厳密に測定・評価することが難しいという課題がある。例えば，メタ認知の評価・測定に関する近年の研究では（e.g., Ohtani & Hisasaka, 2018；原田ら，2020），off－lineメソッドと呼ばれる自己報告形式の質問紙による評価では理科学力との相関が非常に小さいことが報告されている。このため，仮に何らかの指導を通してメタ認知的な知識が獲得されたとしても，その知識を有効に機能させることができているか否かについて，自己報告形式の質問紙で直接的に評価することは難しいと考えられる。例えば，途中過程を含む探究活動の記録に基づき，メタ認知が機能したことを間接的に評価するなど，新たな評価方法の開発・検証が望まれる。

参考文献

Schraw, G., & Gutierrez, A.（2015）．Metacognitive strategy instruction that highlights the Role of monitoring and control processes. In A. Peña-Ayala（Ed.）, *Metacognition: Fundaments, applications, and trends*（pp. 3-16）, Springer.

Veenman, M.（2012）．Metacognition in science education: Definitions, constituents, and their intricate relation with cognition. In A. Zohar & Y.J. Dori（Eds.）, *Metacognition in science education*: *Trends in current research*（pp. 21-36）, Springer.

（松浦拓也）

Q18　理科における推論について述べなさい

　私たちの自然理解には，漠然とした世界の中から共通性を見つけ，概念化・法則化・理論化していく過程もあれば，ある概念や法則，理論をもとに，自然事象に説明を与えたりする過程もある。探究の過程は，理科の授業においても重要かつ中心的活動の１つである。科学的探究の過程は多様であり一様に示すことは難しい。しかしながら，問いを把握したり，問いに対する仮説を立てたり，仮説検証のための実験を計画したり，仮説を基にした実験の結果を予想したり，実験を行いデータの収集をしたり，結果を解釈することで結論を得たりする活動は，指導の軽重こそあれ探究活動の中で行われている。これら探究の過程で必要とされる科学的能力を表すものとしてプロセス・スキルズが考えられる。この中の１つに「推論」が設定されているように，上述した探究の活動の様々な場面で推論が行われている。推論とは，ある前提をもとに何らかの結論を導き出す思考のことであり，その性質によっていくつかの種類に分類することができる。ここでは推論を大きく２種類——非演繹的推論と演繹的推論——に話を分け進める。

1．非演繹的推論

　非演繹的推論は，推論の仕方によってさらにいくつかに分けられる。枚挙的帰納法，アブダクション，アナロジー（類比）などである。

　枚挙的帰納法は，個別具体的な事柄から一般的普遍的な規則や法則を見いだそうとする推論の方法で，学校理科にとってはなじみのある推論の方法である。例えば，「鉄には電流が流れる。銅には電流が流れる。アルミニウムには電流が流れる。ゆえに，金属には電流が流れる。」といった推論である。このように，鉄や銅，アルミニウムといった金属に電流が流れるので，その性質を金属一般に拡張して「金属には電流が流れる」と一般化するような推論であり，換言すると，「d_1：A_1はBである。d_2：A_2はBである。d_3：A_3はBである。………d_n：A_nはBである。ゆえに，AはBである。」のような様式の推

論である。学校の理科の授業においてグループで観察・実験を行わせ，1班の結果，2班の結果，………〇班の結果，という個々の実験結果に共通する性質を見いだして一般化するといった授業の展開はしばしば見受けられるが，そこではこのような帰納的推論を行い，特殊から一般への移行が行われている。科学をどのように考えるのかを問題としたとき，観察や実験といった経験のみから科学の規則や法則が導かれるという立場は帰納主義と呼ばれる。この立場では，個別の事象を一般化するので，飛躍が生じる。これを帰納的飛躍という。帰納主義者は，一般化のために，①多数の観察言明がなければならない，②多様な条件下で繰り返されなければならない，③観察言明はそこから導出された普遍言明と矛盾すべきではない，といった条件を要請する。つまり，多様な条件下で多数の観察・実験の事実を集め，これらと無矛盾する性質を一般化するということは正当な推論であるとされる。

　この推論の特徴は，有限の観察言明から無制限の普遍言明へと導く推論であるため，推論の結果として情報量は増加する。また一方では，限界も指摘されており，それらは，既に指摘をしたように，帰納的推論には一般化の段階で飛躍が生じるため（d_{n+1}は未知であるため），既に挙げた例でいうと，観察された鉄，銅，アルミニウムに電流が流れるからといって，いまだ検証を行っていない他の金属に電流が流れる保証はない。したがって，推論の前提となる事実が「真」であったとしても，結論が「真」であるとは限らず，真理保存的ではない。

　伝統的には，科学的思考の様式を演繹と帰納という2つに区別してきた。一方で，パースは，これら推論の概念を拡張し，科学には演繹と帰納の他にアブダクションという推論の様式が存在することを指摘している。アブダクションは仮説形成法，仮説的推論，最良の説明への推論，またはリトロダクション（遡及推論）などと呼ばれ，科学的発見や仮説形成にとって重要や役割を果たす推論と考えられている。米盛（2007）はパースによるアブダクションの推論の形式を次のように示している。

> 驚くべき事実Cが観察される
> しかしもしHが真であれば，Cは当然の事柄であろう
> よって，Hが真であると考えるべき理由がある

　例えば，二酸化炭素中でマグネシウムが燃焼する様子を観察したとき，これまでの経験では，二酸化炭素で満たした集気瓶などの中にろうそくや線香を入れると炎が消えていたので，二酸化炭素中でマグネシウムが燃焼するという現象は，生徒にとって驚くべき事実として観察される。もし，マグネシウムが二酸化炭素から酸素を奪っていると考えると，マグネシウムが二酸化炭素中で燃焼していることは不思議ではない。よって，マグネシウムは二酸化炭素から酸素を奪い取り自身と結合しているのだろう，というような推論である。このとき，既に見てきた枚挙的帰納法では，現象を何度も観察することによって二酸化炭素中でマグネシウムが燃焼するという個別の事例の一般化をすることが可能であるが，マグネシウムが二酸化炭素から酸素を奪うという仕組みについての推論は，二酸化炭素中でのマグネシウムの燃焼をいくら観察しても直接的に観察することはできない。アブダクションは，このように直接観察した現象から，直接観察し得ない説明を発想する推論であり，この事例に沿って，米盛の言を用いて換言すると，原子間の結合の変化についての推論は「現象を説明するために考え出された『仮説』」であり，通常の帰納とは異なる推論によるものである。また，アブダクションは枚挙的帰納法と同様に拡張的な推論であるため，推論の結果としての情報量は増加するものの，真理保存的ではない。

　非演繹的推論の最後に取り上げるのは，アナロジー（類比）である。この推論は，ある事柄とある事柄を比較し，その類似性に基づいた推論である。例えば，中学校の理科では，電気の流れを電流ということを学習するが，このとき，並列回路に流れる電流の大きさは，水路を流れる水の流れと同じように途中で分かれても回路全体を流れる電流の大きさの合計は変わらないのではないか，といった推論である。この推論は，両者に共通する関係性やパ

ターンを基に既知の事柄を未知の事柄に拡張するような推論である。このようなことから，推論の前提が真であったとしても結論の正しさは保証されていない一方で，推論の結果としての情報量は増加する。

２．演繹的推論

ここまで，非演繹的推論について論じてきたが，ここからは演繹的推論に触れていくことにしよう。

演繹的推論は，一般化された事柄からそこに含まれる個別具体的な事柄を導くような推論である。ひとたび科学の理論や法則が確立されると，その理論や法則をもとに予測をすることが可能になる。例えば，「哺乳類は肺呼吸を行う。クジラは哺乳類である。ゆえに，クジラは肺呼吸を行う。」といった具合である。演繹的推論は，この例からも分かる通り，前提に暗に含まれていた情報を導出するような推論であるため，論理的に妥当な演繹が行えれば，前提が真であるとき推論の結果も真となる推論である。とはいえ，人間には様々なバイアスがあり，誤った推論を犯してしまうこともまた指摘されているところである。演繹的推論は真理保存的な推論であるが，ここで留意したい点は，推論の内容についての正しさを保証するものではないということである。つまり，妥当な演繹が行われたか否かは，内容に依存せず論理の形によってのみ決定されるということである。ここで言う真理保存的というのは，仮に前提が真であれば，そのときは結論も真であると言っているに過ぎない。

科学的探究においては，演繹によって未知の予測を行うこともあれば，仮説演繹法のように，帰納またはアブダクションによって仮説を設定し，その仮説が真であると仮定して，予言（その仮説から得られる観察・実験の結果の予測）を導き，その予言を観察・実験の結果と関連付けることにより仮説の検証を行うということもある。これは見通しをもった観察・実験にも通じるものであり，理科授業の中でも意識したいところである。

参考文献

米盛裕二（2007）『アブダクション ── 仮説と発見の論理』勁草書房.

（泉　直志）

第4章

理科の評価法

Q1 理科における観点別学習状況の評価について述べなさい

1．学習評価とは何か

　学習評価とは，学校における教育活動に関する生徒の学習状況を評価するものである。学習評価の目的は主に２つある。第一に，教師の指導改善である。つまり，教師は生徒の学習状況を分析することで，どのような指導に効果があったのか，もしくはなかったのかを判断して，次の指導を改善するためにある。第二に，生徒の学習改善である。つまり，生徒は自身の学習状況を分析することで，自分自身にどのような力が身に付いたのか，どのような点で課題があるのかを考え，次の学習を改善するためにある。

　次に，観点別学習状況の評価とは，学習指導要領に示す目標に対し，その実現状況を観点ごとに評価することである。学習指導要領には，「知識及び技能」「思考力，判断力，表現力等」「学びに向かう力，人間性等」という３つの目標が示されている。観点別学習状況の評価では，「知識及び技能」は「知識・技能」として，「思考力，判断力，表現力等」は「思考・判断・表現」として，「学びに向かう力，人間性等」は「主体的に学習に取り組む態度」という観点で評価する。それぞれの観点について，『「指導と評価の一体化」のための学習評価に関する参考資料（中学校）』（pp.9-10）をもとに解説する。

2．観点別学習状況の評価

(1)「知識・技能」について

　「知識・技能」の評価では，各教科等における学習を通した知識及び技能の習得状況を評価する。また，他の学習や生活の場面においても，それらの知識や技能が活用できているかどうかについても評価する。

(2)「思考・判断・表現」について

　「思考・判断・表現」の評価では，各教科等の知識及び技能を活用して課題

を解決するうえで必要な思考力，判断力，表現力等を身に付けているかを評価する。

（3）「主体的に学習に取り組む態度」について

「学びに向かう力，人間性等」は，①「主体的に学習に取り組む態度」として観点別学習状況の評価を通じて見取ることができる部分と，②観点別学習状況の評価や評定にはなじまず，個人内評価を通じて見取る部分があることに留意する必要がある（文部科学省，2020，p.9）。このため，②については観点別学習状況の評価の対象外とする必要がある。

「主体的に学習に取り組む態度」の評価に際しては，自らの学習状況を振り返り，学習の進め方について改善していこうとするなど，自らの学習を調整しながら学ぼうとしているかどうかという意思的な側面を評価することが重要である。この観点に基づく評価は，以下の2つの側面で評価する必要がある。第一に，「知識及び技能を獲得したり，思考力，判断力，表現力等を身に付けたりすることに向けた粘り強い取組を行おうとしている側面」である。第二に，「粘り強い取組を行う中で，自らの学習を調整しようとする側面」である。なお，ここでの評価は，生徒の学習の調整が「適切に行われているか」を必ずしも判断するものではない。学習の調整が知識及び技能の習得などに結びついていない場合には，教師が学習の進め方を適切に指導する必要がある。

３．中学校高等学校理科における観点別学習状況の評価

「内容のまとまりごとの評価規準」，そしてそれをもとにした「単元ごとの評価規準」を作成する際の手順について，中学校理科を例にまとめると次のようになる。

（1）「内容のまとまりごとの評価規準」を作成する際の手順

学習指導要領に示された教科及び分野の目標を踏まえて，「評価の観点及びその趣旨」が作成されていることを理解した上で，次の手順で作成する。

まず，①各評価における「内容のまとまり」と「評価の観点」との関係を確認する。たとえば，「（1）身近な物理現象」では，「「ア　身近な物理現象を

日常生活や社会と関連付けながら，次のことを理解するとともに，それらの観察，実験などに関する技能を身に付けること」は知識及び技能に関する内容であり，「イ　身近な物理現象について，問題を見いだし見通しをもって観察，実験などを行い，光の反射や屈折，凸レンズの働き，音の性質，力の働きの規則性や関係性を見いだして表現すること」は思考力，判断力，表現力等に関する内容である。

　次に，②「観点ごとのポイント」を踏まえ，「内容のまとまりごとの評価規準」を作成する。観点ごとのポイントとは，文部科学省（2020）によって示されている下記の表4-1-1を指す。

表4-1-1　観点ごとのポイント（文部科学省，2020，p.31）

○「知識・技能」のポイント
・学習指導要領の「2　内容」における大項目の中のアの「次のこと」を「中項目名」に代え，「〜を理解するとともに」を「〜を理解しているとともに」，「〜を身に付けること」を「〜を身に付けている」として，「内容のまとまりごとの評価規準」を作成する。
○「思考・判断・表現」のポイント
・学習指導要領の「2　内容」における大項目の中のイの「見いだして表現すること」を「見いだして表現している」として，「内容のまとまりごとの評価規準」を作成する。
○「主体的に学習に取り組む態度」のポイント
・「主体的に学習に取り組む態度」については，学習指導要領の「2　内容」に育成を目指す資質・能力が示されていないことから，「分野別の評価の観点の趣旨」（第1分野）の冒頭に記載されている「物質やエネルギーに関する事物・現象」を「（大項目名）に関する事物・現象」に代えて，「内容のまとまりごとの評価規準」を作成する。

（2）「単元ごとの評価規準」を作成する際の手順

　前項の「内容のまとまりごとの評価規準」の考え方を踏まえて，該当の中項目名や小項目名を記載し，各分野の評価の観点の趣旨を踏まえて，「単元ごとの評価規準」を作成する。(1) ア（ア）光と音　の評価規準の例を表4-1-2に示す。

表4-1-2　単元ごとの評価規準の例（文部科学省，2020，p.39）

	知識・技能	思考・判断・表現	主体的に取り組む態度
中項目の評価規準　例	光と音に関する事物・現象を日常生活や社会と関連付けながら，光の反射や屈折，凸レンズの働き，音の性質についての基本的な概念や原理・法則などを理解しているとともに，科学的に探究するために必要な観察・実験などに関する基本操作や記録などの基本的な技能を身に付けている。	光と音について，問題を見いだし見通しをもって観察，実験などを行い，光の反射や屈折，凸レンズの働き，音の性質の規則性や関係性を見いだして表現しているなど，科学的に探究している。	光と音に関する事物・現象に進んで関わり，見通しをもって振り返ったりするなど，科学的に探究しようとしている。

4．評価の方法

　最後に，評価の方法について述べる。知識・技能や，思考・判断・表現については，発言や記述の内容，ペーパーテストなどから状況を把握する。主体的に学習に取り組む態度については，発言や記述の内容，行動の観察などから状況を把握する。このように，それぞれの特性に合わせた評価の方法が重要である。

参考文献

文部科学省（2020）『指導と評価の一体化」のための学習評価に関する参考資料　中学校理科』https://www.nier.go.jp/kaihatsu/pdf/hyouka/r020326_mid_rika.pdf（2020年5月16日閲覧）.

（雲財　寛）

Q2　探究的な学習の評価について述べなさい

1．探究的な学習では何を評価するか

（1）探究に関わる評価の観点

　本章のＱ１で観点別学習状況の評価について述べられている通り，評価の観点としては，「知識・技能」，「思考・判断・表現」，「主体的に学習に取り組む態度」を３つの柱として整理されている。

　それでは，中学校及び高等学校理科の各観点の評価の趣旨について，特に探究に関わる部分はどこか，と問われれば，全て，と答えるほかない。理科の教科目標および観点別評価の趣旨において，３つの柱いずれにも「科学的に探究」というキーワードが入っていることは，探究的な学習が理科の基盤になっていることをよく表している。逆に言えば，探究的な学習による生徒の変容を，「知識・技能」，「思考・判断・表現」，「主体的に学習に取り組む態度」の観点から評価することが，理科における評価の基盤となるはずである。

（2）目の前の探究的な学習は何のために行うのか

　探究的な学習によって，生徒に何を身に付けさせるのか。探究的な学習の評価のためには，まずこのことを整理しなければならない。当然，前述の３観点から考えることもできるが，ここでは別の視点から述べることにする。

　理科において探究的な学習を行う目的として，特に５点挙げるとすれば，

　　①　理科に対する学習意欲を持たせて主体的に学習に取り組ませるため
　　②　基本的な概念や原理・法則を分かりやすく説明するため
　　③　基本的な概念や原理・法則が見いだされた過程を理解させるため
　　④　科学的に探究するスキルを身に付けさせるため
　　⑤　科学的探究とは何かを考えさせるため

が考えられる。別の言い方をすれば，探究的な学習の目的が，宣言的知識（Conceptual または Declarative Knowledge）の習得にあるのか，手続き的知識（Procedural Knowledge）や探究スキルにあるのか，科学の本性（Nature of

Science）に代表される認識論的知識（Epistemic Knowledge）にあるのか，あるいは，学習への動機付けや主体的学習に取り組む態度を身に付けさせようとしているのか。これらの何に重点を置いて取り組むのかをはっきりさせる必要がある。むろん，例えば，探究的に学習を進めるには，探究を行ううえでの前提となる知識がなければいけないし，一方で探究の過程で必要になる個別のスキルも必要になる。このように当然，要素の1つだけを抽出することは困難であるが，重点の置き方によって評価の方法が変わってくる。したがって，探究的な学習の評価のためには，行おうとする探究的な学習が何を目指したものであるかを明確にしなければならない。

（3）具体的には

紙数の都合で，先に例を挙げた5つの目的の全てを述べることはできないが，「何を評価するか」の具体的なイメージをつかむため，ここでは④を例に述べたい。実際に自分で探究ができるようになるためには，問いを見いだす，仮説や予想を立てる，探究の計画を立てる，実験に必要な器具等を正しく扱う，データを記録して解釈する，考察する，結論をまとめ発表する，といった科学的探究の過程の1つ1つができるようになる必要がある。

探究的な学習は，手順がいくつもあり，それに付随して様々なスキルが必要となるため，探究の成果物のみによって評価することはできない。仮に成果物がいまひとつであっても，「探究の計画の立て方はよかったが，操作に誤りがあってうまくいかなかったようだ。しかしその後の考察は実験で得たデータをよく踏まえている」といった評価も可能である。そこで，科学的に探究するスキルを身に付けさせるという目的に対しては，探究の段階ごとにスキルを細分化して，ルーブリックを作成するような方法が思い浮かぶ。

2．探究的な学習では何のためにどう評価するか

（1）総括的評価と形成的評価

学習評価というと，学習の成果のみに注目が集まりがちである。今次改訂の学習指導要領での「何ができるようになるか」ということばがもつインパクトによって，評価といえば学習成果，という印象が強まるかもしれない。

もちろん，学習成果の評価として行う総括的評価は非常に重要であるが，教授学習の進行の途中で行う形成的評価も同様に重要である。

先に述べたように，探究的な学習は手順がいくつもある場合がほとんどであり，行き詰まる生徒もいるのが現実である。探究的な学習の途中で行う形成的評価は，探究に行き詰まっている生徒を見つけ，その原因を探り，探究をよりよい形にするためのフィードバックにつなげられる。そのために，探究過程の途中で，グループごとの評価や個人の評価，また，教師が評価するだけではなく，生徒どうしの評価や自己評価を組み合わせるようにしたい。いずれにせよ，複雑な探究であるほど，形成的評価のための学習評価が重要になる。以下では，具体的な評価方法をいくつか述べるが，これらは総括的評価のみならず，形成的評価の方法として活用することも視野に入れている。

（2）ペーパーテストの活用

学習評価の方法として最も一般的に行われ，定期試験や入学試験などでもなじみが深いのがペーパーテストである。この方法は，基本的には紙と鉛筆があれば実施可能であり，比較的短時間で，多くの生徒に対して同時に行うことができる。PISA調査や全国学力・学習状況調査の理科分野の問題に見られるように，ペーパーテストであっても，観察や実験を行う場面を設定して，必要な操作や結果を踏まえて答えさせることにより，探究的な学習の評価は一定程度可能である。しかし，あくまで紙面上で問題設定され，それに対して解答しているので，その問題に正答すれば本当に探究能力があると言えるか，という疑問が残るのも事実である。ペーパーテストによる探究的な学習の評価は，過大な解釈とならないように留意しつつ，あまり時間をかけずに実施できる客観的な評価方法として活用したい。

（3）パフォーマンス評価の活用（詳しくは本章Q４を参照）

ペーパーテストでは評価できない探究能力を測る評価方法の１つに，パフォーマンス評価が挙げられる。探究的な学習のパフォーマンス評価では，その場で課題を与えて探究させ，その過程の全てを観察したり，あるいは課題に対するレポートを作成させたりすること等によって評価する。この方法は，生徒が実際に探究を行うことになるため，探究能力を様々な角度から測

定することが可能である。しかし，パフォーマンス課題を適切に設定するために，教師には，相当な技術と時間が求められる。実際に評価の対象となる探究を行わせるには，時間がかかったり，何人も同時にはできなかったりする。また，評価の客観性・妥当性を高めるために，場合によっては複数の教員が評価し，その評価過程や結果を調整するモデレーションを行うことも考えられる。理科で扱う全ての探究的な学習の評価をパフォーマンス評価によって行うことは難しいが，一部，可能な範囲で活用することを検討したい。

（4）ポートフォリオ評価の活用

　探究的な学習のもう1つの重要な評価方法として，ポートフォリオ評価が挙げられる。これは，実験や議論の記録，探究の成果物，あるいは自己評価や相互評価の記録等，探究の過程の様々な記録を系統的に綴じ込んでいき，その全体を評価する方法である。系統的に記録できるようあらかじめ計画しておく必要はあるが，成果物だけでは難しい探究途中の評価を可能にするほか，生徒自身が探究の過程を振り返ることが容易になる，という利点も大きい。

3．探究的な学習の評価の今後

　情報技術の発展と共に，ICT機器を活用したシミュレーション型の課題によって探究能力を評価し，適切なフィードバックまで行うようなツールの開発も期待される。また，ここまでに挙げた評価の具体例に共通して，適切なルーブリック（本章Q5を参照）の開発も欠かせない。

　そして何より，知識偏重と問題視される高等学校理科においても，探究を通して学ぶ授業へと転換する必要がある。探究能力の評価の枠組みができたとしても，評価する対象としての探究的な学習の場面が存在しなければ，意味がないのである。

参考文献

Harlen, W.（2016）．*Inquiry, assessment of ability to.* In R. Gunstone（Ed.），*Encyclopedia of science education*（pp. 499-507）．Springer.

（石﨑友規）

Q3 真正の評価（オーセンティックアセスメント）について述べなさい

1. オーセンティックアセスメントとオーセンティックタスク

　わが国の戦後の学習評価は，生徒の序列化を目的としており，努力した結果を相対評価していた。1960年代に入ると，相対評価に対する非教育性の声が高まり，その後の学習評価は，設定された目標をどの程度達成したかを探る到達度評価へと変化した。近年では，自己評価の強調に加えて，学習内容をいかに活用・応用できるかという評価に関心が向けられており，その代表的な評価法が真正の評価（"authentic assessment"；以下，オーセンティックアセスメント）である。

　ここ数年，理科教育の世界でもオーセンティックアセスメントという用語をよく聞くようになった。オーセンティックアセスメントは，生徒がこれまでに学んだものを知的に活用し，現実社会を模写した枠組みの中で，新たな状況を切り開きながら学習しているかどうかを評価する。そこでは，教師が現実世界の文脈を設定し，創造性に富んだ課題を解く過程の中で，生徒が知識をいかに適用しているかを探っている。オーセンティックアセスメントは，本物の思考を探る評価法と言われており，生徒が学習内容を正確に記憶しているかどうかではなく，実際の場面で役立つ能力を身に付けているかどうかを評価する。本アセスメントは，生徒の知的成長を正確に映し出し，それを測り取ることに評価の本質を見いだそうとしている。

　また，オーセンティックアセスメントは，行動の遂行プロセスを単に評価するのではなく，実生活や実社会の文脈の中で課題を成し遂げるプロセスを評価している。したがって，ここでは実行することを求める課題の重要性が叫ばれている。この課題はオーセンティックタスクと呼ばれ，「現実世界の文脈の中で，個人の持っている知識を，いかに適用し応用するかを試す課題」と定義されており，その課題には，生徒の生活文脈に即したリアルさが

求められている。

　近年では，オーセンティックタスクは，特別な分野の専門家が直面するリアルな課題を模写している事例が多く，その作成には一般的なテストを作る以上の労力が必要とされる。さらに，一連のタスクは複雑で多次元な課題を含むことも多く，問題解決やクリティカルシンキングのような高次な思考を要求している。

2．オーセンティックアセスメントとルーブリック

　学習評価では，学習成果や生徒の作業や活動に点数を付けなければならない場合と，それらの結果をもとに，作品の出来や行為から彼らの能力向上を読み取り，得点化しなければならない場合とがある。オーセンティックアセスメントは後者の立場に立ち，ルーブリックを用いながら生徒の能力や成長の様子を読み取ることを目指している。

　ルーブリック（評価指標）は，テスト，パフォーマンス，ポートフォリオなどを評価し，点数化するために使用される確立した基準である。「採点のための鍵」という意味でも用いられるルーブリックは，生徒たちの作品や行為の良さを判断するためのガイドラインとして使用される。加えて，ルーブリックでは評定の段階が明確に示されており，教師にとっては「何を教えるべきか」を，生徒にとっては「何を学ぶべきか」を明らかにするためのガイドラインとしての機能もある。したがって，ルーブリックの意味を生徒に説明し，教師と共通のルーブリックのもとで作品作りを行わせたり，成果を発表させたりすることが授業の中では欠かせないものとなっている。

3．中学校理科を事例としたオーセンティックアセスメント

　以下では，中学校第2学年「人間の体の働き」のオーセンティックタスクを紹介する。本単元は，「身近な動物についての観察・実験を通して，動物の体のつくりと働きを理解させるとともに，動物の種類やその生活についての認識を深める」ことを目的としている。具体的には，「血液」，「内臓器官」，「神経系の働き」などが学習内容として扱われる。一般的に，本単元は器官

の名称や仕組みを覚えるといった学習が中心となり，評価では，単純な記憶を問う問題が多く見受けられる。

　ここでは，これまでほとんど注目されることのなかった現実世界の文脈に焦点を当ててオーセンティックタスクを作成した。本タスクは，生徒の思考力を探る課題であり，学習した複数の科学的知識を用いて解答しなければならず，創造性に富んだ課題となっている。ルーブリックは，オーセンティックタスクの中に書いた（採点のポイント）を踏まえて，「血液検査や尿検査をしようとしているか」「検査結果と診断の一貫性はあるか」「診断に対する治療の適切性は大丈夫か」をチェックリストとして準備した。

【オーセンティックタスク】

　「あなたは，総合病院の医院長です。そこに患者として〇〇先生がやってきました。〇〇先生は，お腹が痛いと言いながらしゃがみ込んでいます。体温を測ったところ，平熱であり，他に痛いところはありません。しかも，便通は普通であり（トイレでの様子は普通ってことです），単なる腹痛ではないようです。しかし，〇〇先生は，激しい痛みを訴えています。そこで，あなたは理科の時間に学習した知識を総動員して治療することにしました。どのような順番で治療を行いますか。そう考えた理由を必ずつけて書いてください。

　（採点のポイント）

　＊当てずっぽうな治療ではなく必要な検査を考え，それをもとに治療が行われている。

　＊科学的な知識（根拠）に基づいて治療が行われている。

　＊ひとつの病気だけでなく，いくつかの病気の可能性を探った上で治療が行われている。

　＊理科の時間に学習した内容を踏まえ，自分なりに診断を下している。

　以下，結果の概要を示す。本オーセンティックタスクの実施に関しては，同じ生徒達を対象に2回行っている。それは，1回目の実施で，生徒99名中29名の答えの欄が未記入だったためである。

　1回目は，期末テストの中に組み込んでの実施のため，テストの他の問題も解答しなくてはならないという時間的制約も加わり未記入者が多かった。そこで，2回目は，普通の授業の中で，教科書や資料集を調べてもよいという条件を加えて実施した。期末テスト（1回目）では29名もいた未記入者が，2回目の作業では2名に激減した。この結果を受け，期末テストのような条件下では，29名の生徒は，時間の制約があったとはいえ，科学的な知識も不足していたため解答できなかったと推測した。

4．オーセンティックタスクで扱う文脈

　期末テストの終了後，多くの生徒は，「先生，この問題の正解は何ですか？」としきりに尋ねてきたという。この反応は，1つの正解を導き出すことに慣れている生徒たちが，複数の正解がある課題に戸惑いを感じていたことの証しであろう。

　また，2回目は教科書や資料集等を調べてもよいという条件のもとに行われており，未記入の生徒が減少するのは当然のことであったが，ここでは注目すべき2点が確認できた。

　第一は，1回目に何らかの解答をした70名の生徒のうち，44名の2回目の記述内容が前回のものとあまり変化がなかったという点である。この事実からは，1回目の未記入の生徒は，科学的な知識が乏しかったというよりは，現実世界の文脈をシミュレートしているオーセンティックタスクという課題に対する戸惑いが大きかったのではないかと考えられる。

　第二は，オーセンティックタスク以外の知識・理解に関する問題を全問正解している生徒の中に，本タスクに関しては未記入の生徒が多数いたという点である。この事実からは，定期テストで常に上位にいる記憶力に優れた生徒たちでも，このオーセンティックタスクを解くことに，かなりの難しさを感じていたことが分かる。

　本実践では，オーセンティックタスクやルーブリックを通して，これまでの評価法では見取れなかった生徒の興味深い実態を探ることができた。特に，オーセンティックタスクに関しては，論理的な思考力を深く探れる可能

性があることも分かった。さらに，本実践からは，オーセンティックアセスメントが，学習した知識の再生にとどまらず，学んだ知識を適用した科学的思考力を問う評価法として優れていることが確認できた。

参考文献

梶田叡一（2007）『教育評価入門 —— 学びと育ちの確かめのために』協同出版．

片平克弘（2005）「中学校理科における『確かな学力』の育成を目指した指導の工夫・改善」『中等教育資料』6, 10-15.

Montgomery, K.（2001）． *Authentic assessment: A guide for elementary teachers.* Longman.

田中耕治（2013）『教育評価と教育実践の課題 ——「評価の時代」を拓く』三学出版．

（片平克弘）

＊註

　オーセンティックアセスメントで用いられるオーセンティックの訳語については，欧米の文献において行われている主張を踏まえると，「信頼すべき」「根拠のある」「確実な」といった訳語が相応しいと筆者は考えるが，一般的に用いられることが多い「真正の」「本物の」をここでは採用した。

Q4　パフォーマンス評価について述べなさい

1．パフォーマンス評価の導入の背景

　学校教育の評価法の主流にペーパーテストがある。日本の中等教育段階の学校は，年に複数回のペーパーテストによる定期試験を実施し，生徒の知識・理解などの学力評価を行っている。ペーパーテストは，短時間に大勢の生徒に実施できること，試験の客観性，妥当性や信頼性が高いことなどの利点がある。しかし，米国では1980年代に標準テストへの批判が起こり，教育評価のあり方が議論され，「真正の評価」が登場した。「真正の評価」は，現実的な問題に対処できる能力の評価の重要性を主体にするものである。日本でも1990年代後半にゆとり教育による学力低下が叫ばれ，PISA2003の結果を受けて，中央教育審議会答申（2008）（以下，中教審）は「基礎的・基本的な知識・技能の習得とこれらを活用する思考力・判断力・表現力等をいわば車の両輪として相互に関連させながら伸ばしていくこと」（p.17）と記し，「知識・技能を活用して課題を解決するために必要な思考力・判断力・表現力等」（p.21）の育成を求めた。評価の観点も「表現」が，思考や成果の表現として技能面から内容面への重視に変わり，「思考・判断・表現」の一観点にまとめられた。中教審答申（2016）は，知識などに偏重したペーパーテストの評価だけでなく，資質・能力のバランスのとれた評価を求め，パフォーマンス評価などを取り入れて多面的・多角的な評価を行うよう記した。パフォーマンス評価は，学習者のもつ能力の総合的な活用を測る評価法として注目されている。

2．パフォーマンス評価と理科教育での扱い

　パフォーマンス評価は，現実的な状況や文脈で知識とスキルを使いこなせる能力を評価するためのもの（ハート，2014，p.54）で，知識やスキルを活用・応用・総合する力をみるために，学習の成果物やそれに関わる活動を評価

する方法（大貫，2015）である。パフォーマンス評価の手法には，自由記述の問題，ポートフォリオ，作品などの成果物やパフォーマンス課題などがあり，教科の特性，評価の対象，学習段階，形成的・統括的評価などに応じて，１つないし複数の評価法を用いる。とりわけパフォーマンス課題は，パフォーマンス評価の重要な位置付けにある。パフォーマンス課題とは，現実の世界からの挑戦や問題を模した課題（ハート，2014，p.54）で，知識やスキルを総合して使いこなすことを求めるような課題（西岡・田中，2009，p.8）のことである。現実の世界からの挑戦と記すと，探究活動などの高次的な課題と捉えられるが，問題を模した課題は授業での観察や実験などの内容と言える。つまり，科学者が自然事象に対して，問題解決の過程を図り，実験などを通して規則性や法則などの結論に辿り着く一連のプロセスが現実世界の文脈であり，生徒が授業で取り組む観察・実験などは，器具や教室，時間などの制約の中で，科学者が行うプロセスあるいはその一部を模した課題と捉えることができる。理科におけるパフォーマンス課題では，自然事象のあらゆるものが対象となり，課題の設定に際しては，知識，スキルと思考を総合して活用するような問題解決（観察や実験を含む）などのプロセスを含む内容を選択することが求められる。次に，授業事例を示し，課題の設定，授業方略や評価の視点を記す。

授業事例（高等学校物理：項目「力のつり合い」）

　高等学校物理の項目「力のつり合い」で行った授業「橋の種類とその利点・欠点」を紹介する。

（ⅰ）パフォーマンス課題の設定

　力の合成，分解や力のつり合いの条件を学習した後，「橋の種類とその利点・欠点」を考えさせる課題を用意した。建物などの構造物は力学の理論を踏まえ建築されており，特に橋は生徒にとって仕組みが分かりやすい構造物である。しかし，机上での考えだけでは橋の利点や欠点は捉えにくい。学習した知識やスキルを，活動を通して，学習者が互いに議論し，思考を深め，実在の構造物とそれに働く力などについて考えるプロセスを組み立てた。

（ⅱ）授業の流れとパフォーマンス課題における教師の働きかけ

授業は，「桁橋，眼鏡橋（アーチ橋），斜張橋」の３つの橋を題材に，知識，スキル，思考を総合的に活用することによって問題解決を促せるように設計した。学習者が課題に取り組む際に重要な点は，教師の働きかけである。この働きかけは，既習知識や学習集団などにより変わる。働きかけの第一歩は，問題解決への筋道のきっかけをつくることである。授業は，

上：図4-4-1　眼鏡橋の模型
下：図4-4-2　桁橋と眼鏡橋のモデル
実験（おもり１個を載せた様子）

はじめ「桁橋と眼鏡橋」について，どのように力が働いているか，考えさせた。眼鏡橋については，模型（図4-4-1参照）を組み立て，各パーツに働く力を図示させた後，桁橋との違いを考察させた。さらに，厚紙を用いて，桁橋，眼鏡橋のモデル実験を行った（図4-4-2参照）。紙面上の橋では，主桁に荷重がかかっても変化しない。しかし，実在の橋は図4-4-2のように荷重により変形する。それに気づいて初めて学習者の課題意識が明確になり，「主桁が変形すると支える力はどう変わるのか」，「なぜ，桁橋より眼鏡橋は変形しにくいのか。主桁を支える力はどう違うのか」など思考が広がる。次に「桁橋と斜張橋」を比較させた。こちらはモデル実験ではなく，橋の写真をもとに実在の橋で生じている現象を想起し，斜張橋の構造や眼鏡橋も含めて互いの橋の違いを議論し，利点・欠点をまとめた。「桁橋と眼鏡橋」の場面では，思考のきっかけを与えるとともに考察の筋道（①橋を比較して考察する②紙面と実在の橋の差異を想起するなど）を認識させ，「桁橋と斜張橋」の場面では，考察の筋道を踏まえて，事象の想起をもとに力学的・科学的根拠を用いてまとめることができるか，総合的な能力を評価の対象とした。

（ⅲ）学習段階における学習者の能力の見極めと評価規準の作成

現行の高校物理の内容では塑性変形などの物体の変形は主として扱ってお

らず，また本授業まで物体は質点の扱いで学習してきた。「桁橋と眼鏡橋」で，何も提示せずに主桁の変形に気づく力は，学習者は持ち得ていない。教師は，学習者のもつ能力を正確に見極め，どの場面でどのような能力を総合的に活用させるか，明確にしておかなければならない。その整理として，評価規準の作成が有効である。評価規準は，指導者が学習者に期待する到達点を示すもので，その利用は，学習者の評価とともに，教師が指導を行う上でも効果的なものとなる。表4-4-3は，本授業の評価規準を抜粋したものである。

表4-4-3　授業の評価規準（抜粋）

授業の評価規準（抜粋）
- 主桁の荷重のかかり方による変形を認識し，主桁を支えるために必要な力の変化を捉えている。
- 主桁の長さと重さの関係を想起して捉え，図示などを用いて主桁を支える力を説明できる。
- 橋の構造を把握し，塔の高さやワイヤーの角度，本数などの違いを比較して，橋の強度などを捉えている。
- 橋の種類と橋の用途や費用などの関連を捉えまとめている。

3．評価におけるパフォーマンス評価の位置づけ

パフォーマンス評価を形成的評価として用いる場合，前項で述べた評価規準の作成が有効であり，特に授業で瞬時に対応しなければならない学習場面で教師自身にとって効果的なものとなる。また，岡本・山下（2016）がジグソー法を用いて実践した授業では，パフォーマンス評価を統括的評価に位置づけ，教師役の生徒が他の生徒に実験を示しながら解説する活動を設定することで，教師役である生徒の評価とともに，学習者相互の評価活動も担えている。パフォーマンス評価は，形成的評価や統括的評価など，評価の意図や目的に応じて広く活用できる評価法である。

参考文献

北尾倫彦監修（2011）「平成24年度版観点別学習状況の評価規準と判定基準」図書文化.

中央教育審議会（2008）「幼稚園，小学校，中学校，高等学校及び特別支援学校の学習指導要領等の改善について（答申）」2008年1月17日.

中央教育審議会（2016）「幼稚園，小学校，中学校，高等学校及び特別支援学校の学習指導要領等の改善及び必要な方策等について（答申）」2016年12月21日.

ハート，ダイアン（2014）（田中耕治監訳）『パフォーマンス評価入門——「真正の評価」論からの提案』ミネルヴァ書房.

西岡加名恵・田中耕治編（2009）『「活用する力」を育てる授業と評価中学校パフォーマンス課題とルーブリックの提案』学事出版.

岡本英治・山下雅文（2016）「ジグソー法を応用した学習者相互で高めあう授業形態の提案：高等学校における探究活動を取り入れた授業の一考察」『中等教育研究紀要（広島大学附属福山中・高等学校）』56，186-193.

大貫守（2015）「パフォーマンス評価とICTを用いた理科の授業設計に関する一考察：単元「もののとけ方」の事例に着目して」『教育方法の探究』18，21-28.

（岡本英治）

Q5　ルーブリックの作成・活用について述べなさい

1．ルーブリックとはどのようなものか

（1）ルーブリックの定義

「ルーブリック」という言葉は，しばしば「パフォーマンス評価」あるいは「パフォーマンス課題」の説明に用いられる。パフォーマンス評価とは，ペーパーテストによらない生徒の多様なパフォーマンスによって学習到達度を測る評価方法の総称である。一方，パフォーマンス課題は，パフォーマンス評価のうち，特に「思考力，判断力，表現力」等を評価するときに用いられ，単元を貫く本質的な問いに対して生徒が多様な知識やスキルを総合的に使いこなすことを求める課題である。西岡ら（2017）によれば，ルーブリックは，パフォーマンス課題等の評価指針として「成功の度合いを示す数レベル程度の尺度と，それぞれのレベルに対応するパフォーマンスの特徴を記した記述語からなる評価規準表である」と定義されている。

（2）ルーブリックの利点と留意点

ルーブリックの利点として，例えば，以下の2点が挙げられる。

① 　ルーブリックをパフォーマンス課題等の実施前に提示することで，生徒が課題の意義や到達目標等を理解することができる。これは，生徒が課題に対する自らの取り組み状況をメタ認知（モニタリングやコントロール）するための知識（メタ認知的知識）となり得る。

② 　パフォーマンス課題等の実施後にルーブリックに基づいた自己評価を行うことにより，生徒が課題に対する自らの取り組み過程とその結果について省察することが容易になる。①で述べたように，メタ認知的知識として機能するルーブリックを提示することにより，生徒が自らの取り組み過程をモニタリングし，さらにはコントロールするようになれば，課題に対する自らの到達度を俯瞰的に判断することが可能となるだけでなく，その後の深い学習や深い理解への契機となり得る。

上記の利点の一方で，ルーブリックを用いる際には「そのルーブリックが絶対ではない」ということに留意すべきである。一度作成したルーブリックは，生徒のパフォーマンスの状況をもとにその妥当性を検証し，その都度修正，改善していく必要がある。ルーブリックを修正，改善する方法として，以下の3点が挙げられる。

①　ルーブリックによる成果物等の評価を複数の教師で行い，ある成果物に対するそれぞれの評価とその理由を共有する。

②　成果物等の中からそれぞれの基準に即したアンカー作品を複数選び，それらを比較して共通点と相違点を抽出する。

③　ルーブリックを用いた生徒間の相互評価等を実施し，生徒が評価する際に困難に感じたこと等を抽出する。

2．ルーブリックをどのように作成するのか（中学校の事例）

ルーブリックの作成例として，中学校理科第2分野「生命の連続性」（3年生）におけるパフォーマンス課題を取り上げる。なお，表4-5-1にパフォーマンス課題のルーブリック例を示している。

（1）評価の目安となる記述語を作成する

まず，ルーブリックを用いた評価の目安となる記述語を作成する。例えば，「ピーターコーンの種子の色の遺伝はどのようにして説明できるのか」というパフォーマンス課題の場合，「実験結果を分析・解釈して得られた根拠をもとに，①ピーターコーンの世代について説明できている，②種子の色について説明できている，③種子の色が遺伝するしくみについて説明できている」のように

表4-5-1　パフォーマンス課題のルーブリック例

4	下記の①〜③の説明について，被子植物の有性生殖の特徴をふまえてわかりやすく説明することができている。
3	実験結果を分析・解釈して得られた根拠をもとに：①ピーターコーンの世代について説明できている。②種子の色について説明できている。③種子の色が遺伝するしくみについて説明できている。
2	上記の①〜③のうち，いずれかの説明が十分になされていない。
1	上記の①〜③のすべての説明が十分になされていない。

作成する。重要なことは，上記の①〜③のように要点を明確にしておくことである。これにより，生徒が課題への見通しを持つことが容易になる。

（2）レベルの数を決定し，記述語を加える

次に，レベルの数を決定する。通常，レベルの数は４〜５が望ましい。表4-5-1の例では，レベルの数を４とし，（１）で作成した記述語をレベル３に据えている。従って，レベル４は「①〜③の説明について被子植物の有性生殖の特徴をふまえてわかりやすく説明できている」のように下線部分の記述語を加える。また，レベル２は「①〜③のうち，いずれかの説明が十分になされていない」，レベル１は「①〜③のすべての説明が十分になされていない」のようになる。レベル３の①〜③のように要点を明確にしておけば，別のレベルの記述語を作成することも容易になる。

３．ルーブリックをどのように活用するのか（高等学校の事例）

ルーブリックの活用例として，高等学校生物における「パフォーマンステキスト」及び「自己質問作成」の取り組みを取り上げる。なお，表4-5-2にパフォーマンステキストのルーブリック例を示している。

（1）「問い」のルーブリックを設定し，学びの深まりを測る

パフォーマンステキストは，単元ごとに複数のパフォーマンス課題をワークブック化したものである。各課題が表4-5-2のレベル１〜４のいずれかに相当するようになっている。この場合，標準的な問いはレベル２（上り下り）であり，学びの深まりに応じてレベル３（転移）→レベル４（探究）へと発展していく。なお，レベル１（単一の知識や用語）に相当する問いはテ

表4-5-2　パフォーマンステキストのルーブリック

4	レベル３を満たした上で（観察，実験による検証などを通して）探究的に解決することのできる問いである。
3	レベル２を満たした上で，他単元・他教科・科目・日常生活等への「転移」が可能となる問いである。
2	単元の中核となる本質的な問いであり，事実的知識・事例と概念・原理の間の「上り下り」が可能となる問いである。
1	単一の事実的知識（用語）を問うものなど，２の基準を満たしていない。

キストの中に含めていない。

　生徒は各課題に取り組んだ後，各課題が1〜4のそれぞれどのレベルに相当するかを選択する。教師が設定したレベルと生徒が選んだレベルを比較し，生徒個々の学びの深まりを測るとともに，各課題の妥当性を検証している。教師へのフィードバックとして，例えば，ある課題について多くの生徒が教師のレベルを下回る選択をした場合は，生徒個々への支援とともに課題の見直しを図っている。特に，レベル2の問いに対して多くの生徒がレベル1を選択した場合は，問いを削除または修正している。

（2）生徒が「問い」のルーブリックを用いて評価する

　パフォーマンステキストの最後に，生徒は自己質問作成に取り組む。自己質問作成は，生徒がパフォーマンステキストを通じた単元の学びを振り返り，表4-5-2のレベルに準じて，オリジナルの問いを作成するものである。初めにレベル2に相当する問い（上り下り）を作成し，次に，レベル3（転移）あるいはレベル4（探究）への発展性を考え，問いをブラッシュアップさせていく。各自が作成した問いは全体で共有し，ルーブリックに基づく相互評価（他者評価）を行う。さらに，教師による評価を加えて個人へのフィードバックとしている。

（3）生徒とともにルーブリックを修正，改善する

　自己質問の作成を終えた生徒とルーブリックについて議論する。生徒の意見から，各レベルの記述語について分かりにくい部分や判断が難しい部分を抽出し，修正する。以上の取り組みにより，生徒が単元における概念・原理や他単元等との概念的な結びつきを理解できるようになるだけでなく，教師と生徒が学びの深まりを共有し，相互に理解することが可能になる。

参考文献

西岡加名恵ほか編（2017）『パフォーマンス評価で生徒の「資質・能力」を育てる』学事出版.

（井上純一）

Q6 理科の評価におけるコンセプトマップの活用について述べなさい

1. 理科教育におけるコンセプトマップ活用の利点

　コンセプトマップは概念地図とも呼ばれ，ある事柄に関する理解や考えを，文章ではなく，語句同士の関係性を基に図示したものである（図4-6-1）。本稿では図中の「光」「影」等の語句を「ラベル」，ラベル同士をつなぐ線を「リンク」，リンクを付した理由に関する記述を「リンキングワード」と呼ぶ。また，コンセプトマップには，①児童生徒らのもつ考えを外化・共有できるといった「学習ツールとしての意義」，②知識の量や固有の考え方を明らかにできるといった「評価ツールとしての意義」，③言語活動充実等に寄与できるといった「現代の教育における意義」が存在する（出口，2012）。本稿では特に②評価ツールとしての意義について述べる。

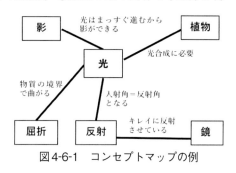

図4-6-1　コンセプトマップの例

　2017（平成29）年改訂学習指導要領では，児童生徒に育むべき資質・能力が3つの柱（①知識及び技能，②思考力，判断力，表現力等，③学びに向かう力，人間性等）に整理された。理科学習で習得させるべき知識はしばしば科学概念と呼称され，コンセプトマップではこの科学概念の形成を見取る事ができる。また，課題に対する思考力や表現力の程度，意欲的に取り組めているか等も窺い知ることができるため，コンセプトマップは上述の資質・能力を評価するためのツールとして，有効に活用できると考えられる。本稿ではこのうち，特に「概念形成の評価」と「思考力の評価」について，提案を交えながら述べていくこととする。

２．概念形成の評価におけるコンセプトマップの活用方法

　理科学習で学ぶべき科学概念は，学習指導要領においては，例えば「光が水やガラスなどの物質の境界面で反射，屈折するときの規則性を見いだして理解すること」等といった形で単元毎に記載されている。生徒の描いたコンセプトマップを分析すると，ラベルやリンクの量から知識の量が，選択したラベルやリンキングワードの記述から理解の内容を見取ることができ，これらから科学概念の形成状況を評価することができると考えられる。このため，単元学習後の科学概念の定着状況を評価したい場合には，簡単な例によってコンセプトマップの描き方を練習させたうえで，その単元の中心的なキーワードを起点としてコンセプトマップを描かせるとよい。また，同一のキーワードに対して，単元の学習の前後でそれぞれコンセプトマップを作成させ，両者を比較することによって個人内評価を行う方法もある。この場合，指導者が生徒を評価できるだけでなく，生徒にとっても自己評価が行いやすくなり，自己認識を促すポートフォリオのような効果も期待できるだろう。

　一般的なペーパーテストにおける１問１答の形で評価する場合と異なり，コンセプトマップでは複数のラベル同士の関係性の理解を同時に表現させることができるため，例えば生徒の「理解の深さ」を段階分けしたい等といった際に効果的だと考えられる。

　ただし，概念形成の評価を行うに当たっては，必ずしもラベルやリンクが多ければ多いほどよいというものではない。学習指導要領の記載や指導者の立てた目標，実施した授業の内容や単元構成をもとに，期待される記述内容を想定しておく必要がある。例えば中学校第１分野「身近な物理現象」の単元で，中心的なキーワードとして「光」を設定するのであれば，生徒は「反射」や「屈折」等のラベルを記述するとともに，反射や屈折の際の規則をリンキングワードとして適切に記述することが求められる。他のリンクがいかに多く記述されていたとしても，これらのリンクが表出されていなければ，単元の目標を達成できたとは言えないであろう。表現の仕方は生徒によって異なると考えられるので，各生徒の意図をくみ取りつつ，指導意図と合致し

ているか否かで評価を行うとともに，誤概念を持ってしまっていないかチェックしながら評価していくとよい。

　もっとも生徒によっては，当該単元の知識のみならず，過去に学習した別の単元の知識を積極的に記述してくることも想定される。このため，他の学習内容との関連が深く，知識の活用が望まれる単元ほど，コンセプトマップ評価の活用に適していると考えることもできるだろう。中学校第3学年の「科学技術と人間」や「自然と人間」など，多面的な理解の評価が求められる場合に対しては，ラベルやリンク数を主な評価指標としてもよいかもしれない。

3．思考力の評価におけるコンセプトマップの活用方法

　本稿では，思考力の中でも比較的特徴のはっきりした「批判的思考力」を評価する場合の活用方法について，指導過程を含めて事例的に提案を行うこととする。

　批判的思考（Critical Thinking）は「何を信じ，何を行うかの決定に焦点を当てた合理的で反省的な思考」であり（Ennis, 1987），21世紀型学力の中核にも位置付けられている。日本語の「批判的」には，相手を否定するというニュアンスがあるが，ここではむしろ「自身の思考に対して反省的に吟味を加える」という側面を強調しておきたい。というのも，コンセプトマップは生徒が自身の思考過程を外化したものであり，これに改めて吟味を加えさせることによって，批判的思考を行いやすくさせる効果が期待できるからである。

　活用例の手順は以下のようになる。まず実験の結果等を予測する場面において，結果の予想とその理由，現象についてのメカニズムの予想などを，コンセプトマップの形式を用いて記述させる。その後，色の異なるペンに持ち替えさせ，自身が1度描いたコンセプトマップの見直しを行わせ，間違っていると考えられる箇所を修正させたり，説明が不十分と考えられる箇所を補わせたりする。これにより，生徒の批判的思考を促すことができるとともに，コンセプトマップ上の色の違いから，生徒がどの部分に対してどのように批判的思考を行ったのかを評価することができる。

　この活動を行わせる場合，取り上げる教材は意外性があって，現象のメカニズムがやや複雑なものの方が，コンセプトマップを用いて視覚的に表現する必然性をもたせやすい。例えば前述の中学校第 1 分野「光」の単元であれば，「反射の法則があるにもかかわらず，なぜ反射板は入射光と同じ方向に光を反射するのか」について，メカニズムを予想させる等が考えられる。また，コンセプトマップの見直しを行わせる前には，生徒に見直しの必然性を実感させるための工夫（例えば実際に実験を行わせ，予想とは異なる実験結果が出る等）や，見直しの視点を与えるための工夫を行うとよい（詳細は山中・木下，2011 等を参照）。これらの活動により作成させたコンセプトマップの評価については，教材の特徴を踏まえて，あらかじめ批判的思考を行わせたい箇所を設定しておき，その部分について着目できたか否かを 1 つの評価観点とするとよい。

4．おわりに

　本節では，理科教育におけるコンセプトマップの評価への活用について，概念形成の評価と思考力の評価の 2 つの観点から述べた。コンセプトマップを用いた評価は，定期テスト等における一問一答では評価しづらい，やや複雑な概念や思考，ネットワーク化された深い理解を評価したいときに有効であると思われる。既存のコンセプトマップの形式にとらわれず，目的に応じて柔軟に加工しながら活用していきたい。

参考文献

出口明子（2012）「概念地図法」日本理科教育学会編著『今こそ理科の学力を問う —— 新しい学力を育成する視点』東洋館出版社，242-247.

山中真悟・木下博義（2011）「批判的思考力育成のための理科学習指導に関する研究 —— 高等学校物理における授業実践を通して」『日本教育工学会論文誌』35（1），25-33.

（山中真悟）

第5章

理科に固有な「見方・考え方」

Q1 量的・関係的な視点について述べなさい

　「あの子は走るのが速い」というような会話は日常的に行われるが，その「速い」は中学生と小学生では異なるであろう。それが「あの中学1年生の男の子は100mを11.5秒で走ることができる」となれば，たとえその子が走るところを実際に見ていなくても，その子がどれくらい走るのが速いか，中学校の運動会でリレーに登場したらどのようなことが起こるか，男子100mの日本記録を出した山縣亮太が9.95秒で走った時に一緒に走ったとすればゴールでどれくらい差が開くのかなどを予測することができる。量的・関係的な視点は，自然の事物・現象について，その実証性，再現性，客観性等を担保する基本的なものであり，科学理解が精緻・体制化され，予測可能性が高まることを実感する学びにつながる。

　中学校学習指導要領（2017年告示）解説理科編においては，「エネルギー」を柱とする領域の特徴的な視点として「量的・関係的な視点」が示されている。例えば中学校第2学年では，電流と電圧，抵抗を量として捉え，それらの関係性を学ぶ。量的・関係的な視点は，その強弱はあるもののエネルギー領域以外の領域においても用いられる視点であり，探究の過程において複数の視点を必要に応じて組み合わせて用いることも大切である。

1．量的・関係的な視点

（1）量的な視点

　ある特定の現象が生じる条件やその影響の度合いを探究していく際には，基準を考えることが不可欠である。量的な視点について考えるうえで，科学的に重要なものとして単位がある。単位は，その量の基準を示すものであり，数字はその単位に対する量の比を表す。現在広く国際的に使われている単位の基本量は，「長さ」「質量」「時間」「電流」「温度」「物質量」「光度」の7つである。

　単位の分野には，多くの技術革新がある。現在，長さの単位としての

「メートル」については，「メートルは，1秒の299,792,458分の1の時間に光が真空中を伝わる行程の長さである」として定義されている。2019年に，これまで7つの基本量の中で唯一原器を使っていた「質量（キログラム）」について，プランク定数を利用した定義に変更が行われ，国立研究開発法人産業技術総合研究所の研究成果もその変更に貢献している。

（2）関係的な視点

「関係」という言葉は，事物・現象ばかりではなく，人間社会における特殊な関わり合いについても意味をもつ。そのため，多様な関係について可能性を検討すると共に，日常の直感的な思い込みによるバイアスを避けることが必要である。Stavy & Tirosh（2000）は，子どもから大人まで共通して誤って適用しがちな直感的関係理解として，①「Aが大きくなれば，Bも大きくなる」，②「Aが同じであれば，Bも同じ」，③「あらゆるものをどこまでも分割できる」を挙げている。力と加速度の関係は，生徒にとって①の直感的な理解によくマッチするが，そこで加速度と速度ではどう異なるのかとなると，視点の確認と直感的な理解の修正が必要となる。関係的な視点と量的な視点とを組み合わせることにより，原因と結果の関係や，一定の条件のもとで必ず成立する相互関係としての法則が明らかになる。

（3）量的・関係的な視点と身体性・固有性

理科において量的・関係的な視点を考える場合，その身体性や自然の事物・現象の固有性などについても留意しておく必要がある。例えば，前述の「単位」については，歴史を遡れば，ヒトの体の一部を利用していたときもある。我々は皆，自分の身体を出発点，認識の基盤として概念的なスペースを作り，それを拡張・洗練させ，理解を深めていく。また，ニュートンの運動の第2法則，$F = ma$ は，数式 $y = ax$ とは有意味に異なる。この運動の法則は，F（Force：力），m（mass：質量），a（acceleration：加速度）との間に関係がある点，物体の加速度は加えた力に比例し，その質量に反比例するという，その関係が法則として示されている点にこそ意義があるのである。

2．量的な視点を踏まえた理科学習指導

中学校，高等学校では，エネルギー領域において，目に見えるものから見えないものまでを扱う。目に見えないものであっても共有可能に可視化することによって，量的な視点を実感することができる。例えば，電流や電圧は，それぞれ電流計や電圧計を用いることでその物理量を認識できる。記録タイマーを使うことによって，物体が加速する様子を可視化することができる。実際の測定を通して，探究的に学ぶことによって，生徒は目に見えない量を実感し，視点を深めることができる。

エネルギー領域のみでなく，他の領域においても，「大きい」ではなく「〇m」，「重い」ではなく「△kg」といったように，量的な視点で情報を共有し，根拠立てて議論を行う習慣を身に付けたい。データは表を使って整理し，有効数字や誤差についても気を付けるとよいであろう。

データロガーのような機器を活用することによって，長時間にわたって自動的に測定を行い，データとして取り込むこともできるようになっている。IoT（Internet of Things）を使って，様々なセンサーをインターネットでつなぎ，時間や場所の制約を受けず，精度の高い測定や多数のデータを取得して共有することもできる。ただし，測定の最初の調整ができておらず明らかにおかしい値が出続けていたり，バッテリーがなくなって測定がストップしていたりすることもある。測定者は大事な一瞬の測定を逃さないように，十分に考えて計画し，利活用をするようにしたい。

3．関係的な視点を踏まえた理科学習指導

比例関係は，関係的な視点として身近なものであろう。そして，その関係を結論づけるプロセスには様々な学びが含まれる。例えば，ばねにおもりをつるしてばねの伸びを測定する実験を考えると，この実験の独立変数（説明変数）は「ばねに加える力の大きさ」であり，従属変数（目的変数）は「ばねの伸び」である。これらの変数自体について理解が十分でないと，「ばねの伸び」が「ばねの長さ」になったり，独立変数の値を無意識にY軸にプ

ロットしたりする可能性もある。個別の測定値を全て結んで凸凹な折れ線グラフとして表す中学生もいるかもしれない。また，ばねの伸びには限度がある。個々の測定値から関係性を見いだすことの意義や限界について議論をしながら指導を行う必要がある。統計教育との連携も検討してほしい。

　モデリングやシミュレーションにより，関係的な視点を踏まえた理科学習指導を行うこともできる。中学校理科の光の反射・屈折，凸レンズの働き，音の性質，回路の電流・電圧，電流・電圧と抵抗，高等学校物理基礎のブラウン運動など，様々に活用を考えることができるであろう。國仲・荻原・後藤（2018）は，コロラド大学ボルダー校物理学科で開発されたシミュレーション教材を試用し，日本の中学生が多様な電気回路の電流や電圧について学び，ショート回路についてもシミュレーションで安全に学ぶことができたことを報告している。

　探究的な理科授業を通して，量的・関係的な視点を身に付けることは，不確実性の高い現代社会において，複雑な課題を解決するために，根拠に基づき思考し，判断するための重要な資質・能力の獲得に結び付くものである。

参考文献

國仲寛人・荻原彰・後藤太一郎（2018）「小中学校の理科の授業におけるシミュレーション教材PhETの活用」『三重大学教育学部研究紀要』69，313-318.

Stavy, R., & Tirosh, D.（2000），*How students (mis-) understand science and mathematics: Intuitive roles*, Teachers College Press.

（隅田　学）

Q2　質的・実体的な視点について述べなさい

1．理科の見方としての質的・実体的な視点

　2017・2018（平成29・30）年改訂の学習指導要領では，資質・能力を育成する過程で働く「見方・考え方」が，全教科等を通して整理された。理科の「見方（様々な事象等を捉える各教科等ならではの視点)」についていえば，領域固有のものではなく，他領域でも用いられるものという留保付きではあるが，理科を構成する領域ごとの特徴が見いだされている。本稿で論じる「質的・実体的な視点」は，「粒子」を柱とする領域において，自然の事物・現象を捉える特徴的な視点として位置付けられている（文部科学省，2018及び2019）。

　古来，幾多の先達たちが，「物質とは何か？」「物質は何からできているか？」という問いに挑み，絶えざる探究を通して現代に至る物質観が築き上げられてきた。その中で，「物質は（原子・分子レベルの）粒子から成る」という物質の粒子性に関する概念，すなわち粒子概念は，物質や関連する諸現象の理解にとって欠かせない極めて重要な位置を占めている。

　さて，そうした「粒子」を柱とする領域で求められる質的・実体的な視点とは，どのようなものなのだろうか。ここでは，「質的な視点」と「実体的な視点」それぞれについて，イメージをつかんでおこう。

　まず，質的な視点である。文字通り，対象の「質」に着目してその特徴や変化を捉えるということになるが，「質」といってもそれを決定付ける要素は多様である。形状，色，組成，重さ等々，事物・現象をいずれの要素から質的に見ていくのかという点を，意識するようにしたい。

　次に，実体的な視点である。「実体」には，そのものの本当の姿や正体といった意味があるが，ここでは対象について「見えないけれども，存在している」と捉える視点と解釈できよう。したがって，原子・分子のように肉眼では見ることができない微細な粒子レベルで事物・現象を理解するうえで，実体的に捉えるという視点は，微視的に捉えるという視点と並んで不可欠な

ものとなる。

　こういった質的な視点，実体的な視点を組み合わせ，働かせながら，また場合によっては他の視点も取り入れながら，物質に関する自然の事物・現象を捉えていくことが大切である。またそれを通して，理科の見方としての質的・実体的な視点も確かなものになっていく。

２．中学校理科の事例にみる質的・実体的な視点

　中学校理科の「粒子」領域では，自然の事物・現象を「物〜物質レベル」において，主に質的・実体的な視点から捉え，とりわけ中学校段階からは原子・分子レベルで事物・現象を捉えることが求められている（中央教育審議会，2016）。片平（2016）が指摘するように，小学校段階では物質に対する素朴な粒子的理解が目指されるのに対して，中学校段階では粒子モデルを用いた本格的な理解が目指されることとなる。以下，2017年改訂中学校学習指導要領理科の「粒子」領域の内容をいくつか取り上げつつ，質的・実体的な視点の具体を事例的に見ていくこととする。

（1）第1学年「状態変化」

　ここでは，状態変化は物質が異なる物質に変化するのではなくその物質の状態が変化するものであることや，状態変化によって物質の体積は変化するが質量は変化しないことを見いださせ，粒子のモデルと関連付けて理解させることがねらわれている。当該内容においては，物質を加熱あるいは冷却した時に見られる変化を，体積や質量，状態（固体・液体・気体）等に着目しながら質的に捉えることが必要である。なお，後述の化学変化との関連からいえば，状態変化では物質そのものが別の物質に変化するわけではない。すでに小学校理科で扱っているが，水は氷や水蒸気に姿を変えても物質としては変化しないというように，質的な視点からの捉えが引き続き重要となる。

　また，袋に入れた液体のエタノールを加熱すると気体となって袋が膨らみ，冷やすと袋がしぼむ現象を例に取ると，液体のエタノールが見えなくなった，あるいは袋がしぼんだことで物質（エタノール）がなくなったと捉える生徒もいる。そこでは，前後で質量の変化が見られないことを基にしつ

つ，粒子モデルを用いながら粒子の運動として当該現象を実体的に捉えられるようにしたい。

（2）第2学年「化学変化」

ここでは，化学変化は原子や分子のモデルで説明できること及び化合物の組成は化学式で，化学変化は化学反応式で表されることを理解させることがねらわれている。当該内容においては，化学反応前後の物質の変化を，色や形状，他の物質との反応性等に着目しながら質的に捉えることが必要である。例えば，鉄と硫黄の混合物を加熱して硫化鉄が生じる反応で，反応前後の物質について，磁石を近づけたり，塩酸加えたりすることにより，両者の違いを質的に捉えることができる。先にも触れたように，化学変化は状態変化と違い，物質そのものが変化するため，質的な視点からの捉えは特に重要である。

また一方で，原子や分子のモデルを用いることにより，微視的な視点から化学変化を捉えられるようにしたい。「原子」や「分子」といった概念が導入されることにより，事物・現象に対するより精緻な理解が目指されることとなる。

3．高等学校理科の事例にみる質的・実体的な視点

高等学校理科の「粒子」領域では，自然の事物・現象を「物質レベル」において，主に質的・実体的な視点から捉えるとともに，より包括的・高次的に捉えることが求められている（中央教育審議会，2016）。高等学校段階では，中学校段階における物質の粒子的理解を基盤としつつ，微視的・巨視的双方の捉え方をさらに発展させていくこととなる。以下，2018年改訂高等学校学習指導要領理科，特に科目「化学基礎」の「粒子」領域の内容をいくつか取り上げつつ，質的・実体的な視点の具体を事例的に見ていくこととする。

（1）「物質と化学結合」

ここでは，イオンの生成や共有結合を電子配置と関連付けて理解させたり，金属結合は自由電子が介在した結合であること，そしてイオン結合，共有結合，金属結合それぞれの結合でできた物質の性質を理解させることがねらわれている。当該内容においては，異なる結合から成る各々の物質につい

て，質的な視点からその違いを捉えることが必要である。

　また，そうした違いを原子同士の結合という側面から，実体的（微視的）に捉えることが求められる。その際には，原子や分子のモデルを用いたりしつつ，原子の構造や電子配置といったより高次のレベルからの捉えをしていくことがポイントとなる。

（2）「化学反応」

　ここでは，酸と塩基の性質及び中和反応に関与する物質の量的関係や酸化還元反応が電子の授受によることを理解させることがねらわれている。当該内容においては，物質としての酸・塩基，並びに中和反応や酸化還元反応における物質の変化を質的に捉えることが必要である。

　また，原子や分子，イオンのモデルと関連付けながら，これらの反応を捉えられるようにしたい。なお，その際には原子の電子配置等の理解に基づいて，より高次的な捉えをしていくことが求められる。

　上掲の事例からも見て取れるように，物質の質的な違いや反応の様態といった巨視的レベルでの捉えを，原子同士の結合の違いや電子の挙動といった微視的レベルでの捉えと関連付け，双方のレベルを往還させながら，事物・現象に対する包括的な理解を図りたい。

参考文献

中央教育審議会（2016）「幼稚園，小学校，中学校，高等学校及び特別支援学校の学習指導要領等の改善及び必要な方策等について（答申）別添資料」．

片平克弘（2016）『粒子理論の教授学習過程の構成と展開に関する研究』風間書房．

文部科学省（2018）『中学校学習指導要領（平成29年告示）解説　理科編』学校図書．

文部科学省（2019）『高等学校学習指導要領（平成30年告示）解説　理科編　理数編』実教出版．

（遠藤優介）

Q3　共通性・多様性の視点について述べなさい

　2017（平成29）年告示中学校学習指導要領および2018（平成30）年告示高等学校学習指導要領において，生命領域において生命に関する事物・現象を主として共通点・多様性の視点で捉えることが理科の見方の特徴として示されている。そこで中等教育段階の生命領域を中心に共通性・多様性の視点を考察していくこととする。

1．共通性・多様性の視点

　ここで，「共通性」と「多様性」という用語について調べてみると，岩波生物学辞典には，「共通性」という用語の記載はなく，「多様性」という用語は第3版と第4版で見られる。第4版では「系統・分類学的には，生物が多くの種に分化し，その類似の程度が一様でない現象」と示され，「生態学的多様性は特に生態系における趣向生の多様性を意味し，多様に分化した種は複雑な社会構造をつくって生活しているが，種組成の多様さ，それらの相互作用，その機能などとの相関関係によって自然環境は短期的にみれば安定に保たれている」と記載されている。さらに「生物学において多様性が問題にされるのは，単に生物学の種数の大小が重要なのではなく，類似の程度が一様でない多くの種が，進化の歴史を経てつくられてきたものであり，現に進化を行っている主体だからである」と示されている。なお，第5版では「多様性」という言葉は記載されておらず，「生物多様性」に置き換わっている。なお，生物多様性（biodiversity, biological diversity）はE.O.Wilsonの造語であり，種，個体，生態系など，すべての生物学的レベルで見られる多様性の総称を示す言葉として規定されている。1992年にリオデジャネイロで採択された生物多様性条約（生物の多様性に関する条約：Convention on Biological Diversity（CBD））では，2018年12月現在，194カ国，欧州連合（EU）及びパレスチナが締結していることもよく取り扱われる。したがって，共通性・多様性という言葉は，生物学的用語としての意味合いより，生態学的・環境

教育学的な要素が強くなっていった用語として捉えることができる。

2. 中学校理科における共通性・多様性の視点

　まず，共通性・多様性の視点について中学校の事例を見ていくこととする。
　中学校第1学年では問題を見いだし見通しをもって観察，実験などを行い，規則性，関係性，共通点や相違点，分類するための観点や基準を見いだして表現することを育むべき思考力，判断力，表現力等として設定している。そこで，内容としては，「生物の観察と分類の仕方」という単元が新しく設定され，共通性・多様性の視点を働かせながら科学的に探究する学習活動の実施が求められている。具体的には，これまで植物と動物の自然科学の分類体系を教授していたが，それ以前に分類が観察などによって見いだされる体のつくりを基準にして行われることを探究的に気付かせることが重要である。その後「生物の体の共通点と相違点」の単元において，植物と動物の分類について上述の視点を働かせながら，分類の基礎について学ぶ構成となっている。

　中学校第2学年では見通しをもって解決する方法を立案して観察，実験などを行い，その結果を分析して解釈し，規則性，関係性を見いだして表現することを育むべき思考力，判断力，表現力等として設定している。内容としては「生物と細胞」という単元で生物は細胞で構成されているという細胞説を共通性として捉えさせ，「植物の体のつくりと働き」「動物の体のつくりと働き」というそれぞれの分類群で多様性の視点を働かせながら資質・能力を育むように構成されている。例えば，細胞の観察についてはヒトの口腔内細胞とタマネギの表皮の細胞の観察を通して，細胞には共通して核が存在することを確認する。この観察では動物と植物の違いでまとめるのはナンセンスである。葉緑体がないタマネギの表皮細胞を，核を染色する溶液を用いて観察している方法を取り上げると上述の育成すべき資質・能力にもつながるのではないかと考えられる。

　中学校第3学年では見通しをもって観察，実験等を行い，その結果（や資料）を分析して解釈し，特徴，規則性，関係性を見いだして表現すること，

さらに観察，実験などを行い，自然環境の保全と科学技術の利用の在り方について，科学的に考察して判断することを育むべき思考力，判断力，表現力等として設定している。内容としては「生物の成長と殖え方」「遺伝の規則性と遺伝子」において生物はフィルヒョーの「全ての細胞は細胞から生じる」という細胞説の完成とメンデルが発見した遺伝の規則性について共通点の視点で捉えることが重要である。さらに「生物の多様性と進化」において「遺伝の規則性と遺伝子」と合わせて多様な生物の種類が生じてきたこと，また，様々な種の共通点と相違点で分類し，多様性の視点とともに生命を尊重する態度を育成することが肝要である。また，「生物と環境」「自然環境の保全と科学技術の利用」の単元において，環境保全と科学技術の利用の在り方について取り扱うこととなる。

　ここで，環境保全について確認したい。環境保全は，環境保存の対義的に取り扱われる用語で，私たちヒトも含めた自然の捉え方である。環境保全の理念から発展して「持続可能な開発のための教育（ESD：Education for Sustainable Development）」となり，2015年に国連持続可能な開発サミットでSDGs（持続可能な開発目標：Sustainable Development Goals）が2030年までに世界全体で取り組むべき目標として設定された。貧困や飢餓，エネルギー，気候変動，ジェンダーや経済と幅広い課題に対して17の目標と169のターゲットが具体的に示され，地球上の「誰一人取り残さない（leave no one behind）」という理念で約170の国と地域で取り組まれている。

3. 高等学校理科における共通性・多様性の視点

　次に共通性・多様性の視点について，高等学校の事例を見ていくこととする。

　生物基礎では「生物の特徴」の単元において中学校で学んだ細胞説の概要からさらに細胞小器官やDNAについて学ぶことで生物が多様でありながら共通性をもっていることを顕微鏡観察やDNAの抽出実験などを通して学ばせることが求められている。また，「ヒトの体の調節」ではホルモンや免疫などの働きが日常生活との関連に気付かせ，共通性，多様性の視点を働かせ

ながら健康に関する認識を深めることが重要である。さらに「生物の多様性と生態系」では季節と地域の自然の実態も合わせて取り上げることで身近な環境の多様性と共通性を認識させることが重要とされる。このようにミクロレベルからマクロレベルまでの階層性を通して共通性・多様性の視点を働かせ，生物や生物現象と日常生活や社会との関わりを考えることが求められている。

　生物では共通性と多様性の視点を包括する進化の視点が重視され，「生物の進化」が本科目の導入として位置付けられている。「生命現象と物質」では生物が共通で活用している物質，多様な形質を生み出すタンパク質，遺伝子の本体として機能する核酸などに注目し，生命現象としての代謝への理解に繋げている。「遺伝情報の発現と発生」では遺伝情報の発現について分子レベルでの機構と調節について，様々な種の発生の過程を通してその共通点と多様性を分化として捉えさせることが重要である。「生物の環境応答」「生態と環境」では外界からの刺激に対する生物の反応および行動という個体レベルから個体群，生態レベルへと拡げていき，エネルギーの流れなども気付かせながら多様性について地球規模で捉えさせることとなる。

　高等学校での多様性の視点は上述した環境保全の視点の発展に伴い，生物多様性の概念はもちろん，経済なども含む幅広いものになっている。レッドデータブック（環境省レッドリスト2020）を活用し，地域と日本の自然環境，さらに生態系サービスや世界の絶滅危惧種を取り扱うレッドリストまで取り扱うことで，グローカル（グローバリゼーションとローカリゼーションを合わせた混成語）な見方と，絶滅危惧種のみに焦点を絞るのではなくそれを取り巻く環境と人間活動の影響を公正や妥協する態度も含めて，自然環境の保全に寄与する資質・能力の育成に繋げることが重要である。

4．共通性・多様性の視点を獲得させる指導

　中等教育段階での共通性・多様性の視点は，幅広く生命領域のみでは取り扱うことは不可能であろう。今回の教育課程で重要視されているカリキュラム・マネジメントによる教科横断的な構成によって，生徒の深い学びの実現

が重要である。その基盤を支えるために，教員自身が，共通性・多様性の視点で事物・現象を捉え，教養を高めることが求められていると言える。

参考文献・URL

外務省　https://www.mofa.go.jp/mofaj/gaiko/kankyo/jyoyaku/bio.html（2020年5月30日閲覧）.

巖佐庸・倉谷滋・斎藤成也・塚谷裕一編集（2013）「生物多様性」『岩波生物学辞典第5版』p.773.

環境省　http://www.env.go.jp/press/107905.html（2020年5月30日閲覧）.

国立教育政策研究所（2017）『環境教育指導資料中学校編』東洋館出版社.

日本動物学会・日本植物学会編（1998）「生物多様性」『生物教育用語集』東京大学出版会，p.98.

八杉龍一・小関治男・古谷雅樹・日高敏隆編集（1996）「多様性」『岩波生物学辞典』p.875.

（向　平和）

Q4　時間的・空間的な視点について述べなさい

1．時間的・空間的な視点

（1）時間的な視点

　時間的な視点とは，現象を時間の変化に着目して捉えようとする視点である。ある現象が時間の経過に伴って変化する場合，その変化の特徴を時間経過と対応させて検討することは重要である。時間の経過は基本的に一定であることから，様々な現象を説明する上での共通尺度となり得る。ここで時間経過とは，現在の時間経過のみならず，過去から現在にかけての時間経過も含む。また，ナノ秒オーダーの極めて短い時間的な変化から，何億年という極めて長い時間的な変化を含むものでもある。例えば，気象の単元では，比較的短い時間での変化を扱うのに対して，地質や天体の単元では，比較的長い時間での変化を扱うことになる。

（2）空間的な視点

　空間的な視点とは，事物・現象を空間的な広がりに着目して捉えようとする視点である。ある事物・現象が3次元上の空間に広がって存在する場合，それらの空間的な広がりを捉えることは重要である。ここで空間的な広がりとは，目には見えない極めて小さな空間から，宇宙のような大きな空間まで様々な大きさの空間を含む。例えば，化学結合の単元では，結晶格子における粒子間の小さな空間を扱うのに対して，天体の単元では，広大な宇宙空間を扱うことになる。

（3）理科における見方と領域

　『中学校学習指導要領（平成29年告示）解説　理科編』（学校図書，2018）においては，地球領域に特徴的な見方として「時間的・空間的な視点」が示されている。地球領域では，地球や宇宙といった広大な時間・空間で生じる事物・現象を扱う。その際，時間的・空間的な視点を働かせ，両方の視点から事物・現象を捉えることが重要である。また，2つの視点は，地球領域に限

らず，その他の領域においても必要となる。例えば，高等学校化学における反応速度の学習では，時間的な視点を働かせることが求められる。このように，地球領域を中心に時間的・空間的な視点を獲得させることは，他の領域の学習にも役立つ。

（4）発達との関係性

時間・空間概念の発達に関する研究の礎を築いたのはPiaget（ピアジェ）の研究である。Piagetは子どもの時間や空間の理解に関する様々な実験を行い，その発達には段階があり，初期の段階では物体の移動に関する経過時間と距離（空間）の概念が混同されていることを指摘した。Piagetの研究はその後，様々な研究者によって追試が行われ，研究が発展していった。ここでは，両概念の発達に関してこれまでに明らかになっていることの一部を紹介する。

時間概念に関してこれまでに明らかになったことは，その発達に2つの知識が関連しているということである。Levin（1992）は時間概念の発達に「時間＝終了時刻－開始時刻」と「単位量当たりの時間（例：時速）」という2つの知識の理解や活性度が関わることを指摘している。これら2つの知識を適切に理解し，課題に応じて活性化させられるかによって時間に関する課題に正答できるかが異なり，発達に伴いそれらが向上するというのである。また，2つの知識を活性化させることが必要な状況は高校生であっても困難であることが指摘されている（谷村，2001）。理科教育に還元すれば，物体の運動のような前述の2つの知識が必要となる単元では，時間的な視点を正しく働かせることは高校生であっても困難が伴うものだと言える。

空間概念に関してこれまでに明らかになったことは，私たちは空間について考えるとき，自分の分身をその空間に置いて（仮想的身体移動），そこから見える風景を推測（空間的視点取得）しているということである。仮想的身体移動の発達について検討した渡辺・高松（2014）は，3～21歳を対象とした調査を通して，その能力が思春期以降に発達することを明らかにしている。実際，理科教育においても，小学校中学年の地球領域の学習では，地球から見た気象や天体を扱い，小学校高学年以降になって宇宙から見た地球の

姿を学習する。後者の学習では高度な空間視点取得が必要になると考えられ，発達に考慮した配列がなされていると言える。

２．時間的な視点を獲得させる指導

　時間的な視点を獲得させる指導を検討する際には，扱う時間の長さについて，具体的な数値を算出できる短い時間の場合と，概数しか扱えない長い時間の場合を分けて考える必要がある。

　具体的な数値を算出できる短い時間の場合，第一に指導の前提として，時間とその関連概念に関する理解が定着しているか確認することが必要である。その際，「時間＝終了時刻−開始時刻」と「単位量当たりの時間」という２つの知識の理解は特に重要である。終了時刻と開始時刻については，それぞれの現象において何が開始／終了に相当するのかを確認することが必要となる。単位量当たりの時間については小学校の算数で学習することではあるが，算数の文脈で計算できることと理科の文脈で活用できることは別問題であり，あらためて理解状況を確認することは重要である。第二に，現象における変化が時間経過に伴う連続的な変化であることを捉えられるように指導することが必要である。ある現象における変化が連続的であるのにも関わらず，開始時と終了時の変化がわずかである場合，時間経過に伴う連続的な変化であることが認識されない場合がある。例えば，天体の日周運動は時間経過に伴う連続的な変化であるにもかかわらず，学習者は天体の見かけ上の位置の移動という結果にしか着目しない場合がある。そのような場合は，「１時間あたりどれくらい変化したでしょうか」「１カ月あたりどれくらい変化したでしょうか」と問うことで，時間的な視点として，単位時間当たりの変化を考えるよう促すことができる。このような指導を繰り返す中で，学習者は時間的な視点を獲得していく。

　概数しか扱えない長い時間の場合は，学習者がそのスケールの大きさを理解できるような工夫が必要である。例えば，「地球の46億年の歴史を１年に圧縮した場合，魚類が誕生したのは11月23日頃に相当する」といった表現は，時間のスケールを理解するうえで有用である。

3．空間的な視点を獲得させる指導

　空間的な視点を獲得させる指導としては，自分の分身を仮想空間に置く仮想的身体移動を促進することが有効である。例えば，モデル実験として天体をボール，太陽光を懐中電灯で表して，実際に視点移動を行わせることで，仮想的身体移動を行った際の見え方について理解することができる。そして，そのような経験を繰り返す中で，空間的な視点が獲得されていくと考えられる。近年では，拡張現実（AR）といったテクノロジーを利用して仮想的身体移動を促進する取り組みも試みられており（久保田・中野・小松，2020），3次元上の現象を2次元の表現に落とし込むのではなく，3次元のまま捉える学習が進められている。その他にも，学習者が空間的スケールの大きさを理解できるような工夫も重要である。例えば，「地球をピンポン球とした場合，月の大きさはパチンコ玉，木星の大きさはバスケットボールに相当する」といった表現は，空間のスケールを理解する上で有用である。

参考文献

久保田善彦・中野博幸・小松祐貴（2020）「月の満ち欠けの学習における仮想的身体移動とその支援」『理科教育学研究』60（3），557-568.

谷村亮（2001）「時間概念の発達的研究の展望」『広島大学大学院教育学研究科紀要』50，395-403.

渡辺雅之・高松みどり（2014）「空間的視点取得における仮想的身体移動の幼児期から成人期に至る変化」『発達心理学研究』25（2），111-120.

（中村大輝）

Q5　部分的・全体的な視点について述べなさい

　従前，理科においては「科学的な見方や考え方」の育成を目標としてきたが，2017・2018（平成29・30）年の学習指導要領の改訂では，理科の見方・考え方は理科で育成したい資質・能力を育成する過程で働く，物事を捉える視点や考え方として整理された。文部科学省は理科の見方・考え方を整理して示しており，理科における見方の1つとして「部分と全体」の視点を挙げている。理科における見方については，理科を構成する領域ごとの特徴を見いだすことが可能であり，「エネルギー」，「粒子」，「生命」，「地球」を柱とする領域では，自然の事物・現象を主として「量的・関係的」，「質的・実体的」，「共通性・多様性」，「時間的・空間的」な視点で捉えることが，それぞれの領域において特徴的な視点として整理され，これら以外にも，「部分と全体」，「定性と定量」などといった視点もあることに留意する必要があることが示された。

1．部分的・全体的な視点とは

　角屋（2019）によれば，「全体の機能を部分という要素から捉えること」が「全体と部分」という考え方であり，特に生物学における生命現象，地球科学における物質現象においては，共通して「全体と部分」という関係で捉えることができる現象が見られるとのことである。2017年改訂の小学校学習指導要領では，このような，部分と全体の関係について，「生命」と「地球」領域で明確に示している。例えば，「生命」領域の第6学年「人の体のつくりと働き」においては，「人や他の動物の体のつくりや働きについて，個々の臓器の働きといった部分で見たり，生命を維持する働きという全体で見たりすること」が重視されている。また，「地球」領域の第6学年「土地のつくりと変化」においては，「土地を構成物といった部分で見たり，地層のつくりや広がりといった全体で見たりすること」が重視されている。

２．中学校理科における「部分的・全体的な視点」の具体例

　本節では，2017年改訂の中学校学習指導要領の理科の，第２分野，主として「生命」と「地球」領域における部分的・全体的な視点に関する代表的な事例について見ていく。

（１）中学校理科の「生命」領域における具体例

　中学校理科の「生命」領域では，生命に関する自然の事物・現象を「細胞〜個体〜生態系レベル」において，主として共通性・多様性の視点で捉えることが特徴的な見方（視点）となっており，これを踏まえたうえで，生命現象を部分的・全体的な視点で捉えることに留意する。

　第２学年「生物の体のつくりと働き」の学習内容に関しては，小学校理科より内容の階層性が広がり，生物体の構造の単位としての個々の細胞という部分で見ることも重視される。したがって，「動物の体のつくりと働き」に関しては，「動物細胞（部分）〜臓器（部分）〜個体（全体）」という視点で，各臓器の働きを捉える必要がある。また，「植物の体のつくりと働き」に関しては，「植物細胞（部分）〜葉・茎・根（部分）〜個体（全体）」という視点で，光合成などの現象を捉える必要がある。

　第３学年「自然と人間」の学習内容に関しては，生物をとりまく水や空気などの非生物的環境まで含めた生態系を１つのまとまりという全体として捉え，その中で相互に関わり合う生物を部分として捉える視点も必要となる。

（２）中学校理科の「地球」領域における具体例

　中学校理科の「地球」領域では，地球や宇宙に関する自然の事物・現象を「身のまわり（見える）〜地球（地球周辺）レベル」において，主として時間的・空間的な視点で捉えることが特徴的な見方（視点）となっており，これを踏まえたうえで，物質現象を部分的・全体的な視点で捉えることに留意する。

　第１学年「大地の成り立ちと変化」の学習内容に関しては，小学校理科より内容の階層性が広がり，地球内部の働きという全体と関連付ける視点も重視される。したがって，「火山と地震」に関しては，「火山の噴火（部分）〜

地下のマグマの性質による地球内部の働きレベル（全体）」という視点で火山活動を捉え，「地震の分布（部分）〜地球規模のプレートの動き（全体）」という視点で，地震の原因を捉える必要がある。

　第3学年「地球と宇宙」の学習内容に関しては，太陽系の天体とその運動という全体と関連付ける視点も重視される。したがって，「地球と宇宙」に関しては，「太陽や星座の観察（部分）〜地球の自転，太陽を中心とした地球の公転（全体）」という視点で，天体の日周・年周運動を捉える必要がある。

3．高等学校理科における「部分的・全体的な視点」の具体例

　本節では，2018年改訂の学習指導要領の高等学校理科の，主として「生命」と「地球」領域の基礎的な内容を扱う「生物基礎」と「地学基礎」科目における部分的・全体的な視点に関する代表的な事例について見ていく。

（1）高等学校理科の「生物基礎」科目における具体例

　高等学校理科の「生命」領域では，生命に関する自然の事物・現象を「分子〜細胞〜個体〜生態系レベル」において，主として共通性・多様性の視点で捉えることが特徴的な見方（視点）となっており，これを踏まえたうえで，生命現象を部分的・全体的な視点で捉えることに留意する。

　基礎的な内容を扱う「生物基礎」科目に関しては，中学校理科より内容の階層性が広がり，生命現象という全体を，遺伝情報を担う物質としてのDNAという分子レベルのミクロな部分の働きと関連付けて捉えることとなる。「生物の特徴」に関しては，「遺伝情報となるDNAの塩基配列（部分）〜遺伝情報の発現により合成されたタンパク質（部分）〜生物の構造・機能（全体）」という視点で，遺伝子とその働きを捉えることが重要である。

　また，「生物の多様性と生態系」に関しては，「ある場所に生育する植物（部分）〜植物の集まりとしての植生（部分）〜地球規模の気候の違いと地球上の植生分布（全体）」という視点で，生物の多様性と生態系について，生態系のバランスと保全も含めて理解する必要がある。

（2）高等学校理科の「地学基礎」科目における具体例

　高等学校理科の「地球」領域では，地球や宇宙に関する自然の事物・現象

を「身のまわり（見える）〜地球（地球周辺）〜宇宙レベル」において，主として時間的・空間的な視点で捉えることが特徴的な見方（視点）となっており，これを踏まえたうえで，物質現象を部分的・全体的な視点で捉えることに留意する。

　基礎的な内容を扱う「地学基礎」科目に関しては，地球内部の層構造や地球規模のプレートの運動，宇宙・太陽系の誕生，地球の環境等の全体的な視点から，中学校理科よりも具体的に捉えることが重視される。したがって，例えば，「活動する地球」の「火山活動と地震について」では，「プレートの発散境界や収束境界における火山活動や地震発生の分布（部分）〜地球規模のプレートの運動（全体）」という視点で，火山活動や地震の現象について捉えることが重要である。

　また，「変動する地球」の「地球の環境」では，「氷河の後退や平均気温の変化などの地域の自然環境の変化（部分）〜地球温暖化，オゾン層破壊，エルニーニョ現象等の地球規模の自然環境の変化（全体）」等の視点で，地球環境の変化を捉える必要がある。

参考文献・URL

角屋重樹（2019）『改訂版　なぜ，理科を教えるのか——理科教育がわかる教科書』文溪堂.

文部科学省（2018）『中学校学習指導要領（平成29年告示）解説　理科編』学校図書.

文部科学省（2019）『高等学校学習指導要領（平成30年告示）解説　理科編　理数編』実教出版.

文部科学省（2016）「理科ワーキンググループにおける審議の取りまとめ」https://www.mext.go.jp/b_menu/shingi/chukyo/chukyo3/060/siryo/1372253.htm（2020年5月31日閲覧）.

（山本容子）

Q6　定性的・定量的な視点について述べなさい

1．定性的と定量的について

　理科用語としては一般に定性実験，定量実験のように定性・定量は実験を付して用いられ，「定性実験とは自然の事物・現象の状態や変化の差異を明らかにすることによって自然の対象物に固有な性質を区別するために行われる実験，定量実験とは自然の対象物の性質の程度を測定して数量的に表すために行われる実験（蛯谷ら，1981）」を指す。また，2017（平成29）年改訂の中学校および2018（平成30）年改訂の高等学校学習指導要領の理科の目標が「自然の事物・現象に関わり，理科の見方・考え方を働かせ，見通しをもって観察，実験を行うことなどを通して（後略）」であることからもわかるように，理科において実験は必須である。一方で，上記の中学校および高等学校の学習指導要領解説理科編での定性的・定量的という語の使用は少ない。これは，理科の目標に示された「理科の見方・考え方」に定性的・定量的が含まれているからである。たとえば，上記の解説では「「見方」については，理科を構成する領域ごとの特徴を見いだすことが可能であり，「エネルギー」を柱とする領域では，自然の事物・現象を主として量的・関係的な視点で捉えることが（中略）それぞれの領域における特徴的な視点として整理することができる」と記されており，各領域における視点に定性的・定量的が含まれていると捉えることができる。教師は必須である実験を計画する際には，学習内容や目的，生徒の発達段階や実験技能を勘案することはもちろんのこと，生徒が理科の見方・考え方を働かせ，見通しをもって実験を行えるように，定性的・定量的な視点で実験を捉えることが重要である。したがって，以下では実験を計画する際の定性的・定量的な視点を整理したのち，中学校・高等学校の具体的な実験事例を取り上げ，定性的・定量的な視点で述べる。

189

２．実験における定性的・定量的な視点

（１）定性的な視点
定性的な視点として，次の４点を挙げることができる。

① 自然の対象物に固有な性質を理解し，自然の対象物の共通点や相違点，関係性，対象物を分類するための観点などを見いだすために，一般に二元分類（例えば，大きい・小さい，多い・少ない，燃える・燃えない，水に溶ける・溶けない，水に浮く・沈むなど）が用いられる。

② 自然の対象物の共通性などを見いだすために行うため，見通しをもって観察，実験を行えるよう既存の知識や技能が活用できる素材が取り上げられる。

③ 自然の対象物に固有な性質に対する理解を深めることをねらいとするために，自然の対象物に対する興味・関心を高め，主体的に取り組めるよう身近な素材が取り上げられる。

④ 一般に定性実験から定量実験へと発展するため，定性的から定量的へと展開可能な素材が取り上げられる。

（２）定量的な視点
定量的な視点として，次の４点を挙げることができる。

① 数量的な結果に基づいて科学的に分析・解釈し，原理や法則を導く展開である。

② 科学的に分析・解釈し，原理や法則を導くための数量的な結果を処理する方法が明確である。

③ 数量的な結果を得るための測定すべき物理量が明確である。実験前には，測定するための機器や器具を準備できるか，測定できる範囲や精度が適切かなどの確認が必要である。また，定性実験と比較して複雑な操作が要求される機器や器具を使用することが多いため，生徒に技能を習得させる必要がある。

④ 一般に定性実験から定量実験へと発展するため，定性実験を通して獲得した知識を活用する展開である。

３．定性的・定量的な実験事例

　ここでは化学領域に絞って述べる。また，文中の（　　）内の数字は前述の２に示した視点①〜④を指し，定性的な場合は性，定量的な場合は量を付している。実験において定性（定量）的な視点をすべて含んでいる必要はなく，一方で定性的・定量的な両方の視点を含んでいる場合もある。

（1）中学校における定性的な実験

　第１学年の「身の回りの物質とその性質」から白色固体の識別を行う実験を取り上げる。この実験では視覚的に区別しにくい白色固体として食塩，砂糖，小麦粉，片栗粉などの身近な物質が取り上げられる（性③）。小学校での既存の知識を活用して，色，におい，手触り，加熱，水への溶解性，石灰水の利用などの実験計画を立案させることが可能な素材であるため，見通しをもって行える（性②）。加熱では燃える・燃えない，水への溶解性では溶ける・溶けないなど，二元分類による結果に基づいて，個と他の多数を区別したり，共通点・類似点を明確にしたりする過程を通して科学的に探究する資質・能力を身に付けさせる（性①）。燃焼した物質のうち，石灰水を白濁させた物質は炭素を含んでおり有機物に分類されるということを学ぶように，燃える・燃えないと白濁する・しないという複数の二元分類を組み合わせることも可能である（性①）。炭素が有機化合物を構成する元素の１つであるという知識は高等学校においても既存の知識として活用可能である（性②）。

（2）中学校における定量的な実験

　第２学年の「質量変化の規則性」から金属の質量と結び付く酸素の質量との関係を調べる実験を取り上げる。この実験では銅やマグネシウムなどの金属の質量と生じた酸化物の質量から，金属の質量と反応した酸素の質量の関係をグラフ化させ（量②），金属と酸素が一定の割合で反応するという規則性を見いださせる（量①）。測定すべき物理量は明確であり，使用すべき測定機器は電子天秤である（量③）。したがって，電子天秤を正しく使用できるという技能が必要である（量③）。また，規則性を見いだすためには0.01gまで測定できる電子天秤であることが望ましい（量③）。金属と酸素が結び

付いたことを確認するためには，従前に学習する銅やマグネシウムと酸素との化学変化についての既存の知識が必要である（性④，量④）。

（3）高等学校における定性的な実験

「化学基礎」の「単体と化合物」から炭酸水素ナトリウムの成分元素を確認する実験を取り上げる。炭酸水素ナトリウムは重曹ともよばれ，ベーキングパウダーに含まれ，清掃・消臭用としても広く利用されており，身近な物質である（性③）。炭酸水素ナトリウムは中学校では必ず扱う素材のため，加熱によって生じる二酸化炭素と水およびそれらの確認方法（性①）については既習であり，見通しをもって取り組むことができる（性②）。ナトリウムの検出には炎色反応を用いる（性①）。炎色反応は花火などと関係付けられる（性③）。炭酸水素ナトリウムは高等学校学習指導要領解説理科編では，化学反応式の係数の比が化学反応における物質量の比を表すという量的関係を見いだす実験の素材として例示されている（性④）。

（4）高等学校における定量的な実験

「化学基礎」の「酸・塩基と中和」から食酢の中和滴定の実験を取り上げる。この実験では身近な食酢（性③）中の酸がすべて酢酸であるとして，濃度既知の水酸化ナトリウム水溶液を用いて酢酸の濃度を決定する。水酸化ナトリウム水溶液の滴下量の測定のためにビュレットを用い，食酢を一定量はかり取るためにホールピペットを用いる（量③）。一般に食酢を10倍に希釈するため，ホールピペットとメスフラスコを用いる（量③）。これら3つの器具の操作は難しいが，正確な結果を得るためには技能の習得は不可欠である（量③）。得られた複数の結果のうち器具の精度等から誤差の範囲に収まるもののみを用い，既習の中和反応の量的関係に基づいて濃度決定を行う（量②）。この実験は原理や法則を導くものではないが，酸・塩基の性質や中和反応，中和点付近での液性などの既存の知識に基づいて実験の原理を理解して取り組む必要がある（性④，量④）。

参考文献

蛯谷米司・木村仁泰編（1981）『理科重要用語300の基礎知識』明治図書出版.

（平松敦史）

Q7　中学校理科における「科学的に探究する方法を用いて考えること」について述べなさい

1．科学的に探究する方法とは

　中学校学習指導要領（平成29年告示）解説理科編において，「理科の見方・考え方」が理科改訂の要点の1つとされ，その中で「理科における『考え方』については，…（中略）…探究の過程を通した学習活動の中で，例えば，比較したり，関係付けたりするなどの科学的に探究する方法を用いて考えることとして整理することができる」と明示されている。このように，「科学的に探究する方法」は「理科の考え方」と同様と捉えることができる。また，「比較することで問題を見いだしたり，既習の内容などと関係付けて根拠を示すことで課題の解決につなげたり（後略）…」とも明記され，科学的探究において使用される能力とも捉えることができる。

（1）比較とは

　「比較」は，『小学校学習指導要領（平成29年告示）解説　理科編』の第3学年の「理科の考え方」として，「複数の自然の事物・現象を対応させ比べることである。比較には，同時に複数の自然の事物・現象を比べたり，ある自然の事物・現象の変化を時間的な前後の関係で比べたりすることなどがある。具体的には，問題を見いだす際に，自然の事物・現象を比較し，差異点や共通点を明らかにすることなどが考えられる」とされている。このように，自然の事物・現象の比較を通しての，差異点や共通点の抽出，さらにはこれらを踏まえた分類といった意味内容がある。一方で，発想した予想や仮説と実験結果の比較，この比較を踏まえた考察といった科学的探究プロセスにおける使用もある。この「比較」は，中学校第1学年「問題を見いだす活動」の礎となる能力でもある。

（2）関係付けとは

　「関係付け」は，『小学校学習指導要領（平成29年告示）解説　理科編』

の第４学年の「理科の考え方」として，「変化とそれに関わる要因を結び付けたり，既習の内容や生活経験と結び付けたりすることなどがある。具体的には，解決したい問題についての予想や仮説を発想する際に，自然の事物・現象と既習の内容や生活経験（日常生活）とを関係付けたり，自然の事物・現象の変化とそれに関わる要因を関係付けたりすることが考えられる」とされている。このように，自然の事物・現象の因果関係や相関関係としての関係付け，または，既有知識や経験と推論との関係付けとしての意味内容がある。また，科学的探究のどのプロセスでも必要とされる能力でもある。

２．比較，関係付け以外の科学的に探究する方法

　科学的に探究する方法は，上述した比較や関係付けばかりではない。これらは，使用される頻度は科学的探究において比較的多いが，条件制御，伝達，予測，推論，分析，解釈などもある。その中でも，小学校第５学年で育成される「条件制御」と，中学校第２・３学年で育成される「分析・解釈」を取り上げることとする。

（１）条件制御とは

　「条件制御」は，『小学校学習指導要領（平成29年告示）解説　理科編』の第５学年の「理科の考え方」として，「自然の事物・現象に影響を与えると考えられる要因について，どの要因が影響を与えるかを調べる際に，変化させる要因と変化させない要因を区別するということである。具体的には，解決したい問題について，解決の方法を発想する際に，制御すべき要因と制御しない要因を区別しながら計画的に観察，実験などを行うことが考えられる」とされている。このように，変化させる要因（独立変数）と変化させない要因（制御変数，一定にする値）を区別し，さらに，解決の方法を発想するために従属変数を同定する意味内容がある。この「条件制御」は，中学校第２学年「解決する方法の立案」において使用される能力でもある。

（２）分析・解釈とは

　「分析・解釈」は，『中学校学習指導要領（平成29年告示）解説　理科編』には，上述した「比較」「関係付け」「条件制御」のように明記されてはいな

いが,「分析・解釈」に係る箇所として「自然の事物・現象を科学的に探究する力と態度を育てるためには，………課題の設定，実験の計画と実施，器具などの操作，記録，データの処理，モデルの形成，規則性の発見など，科学的に探究する活動を行うことが必要である」とされている。特に,「分析・解釈」に関連する部分は「データの処理」と「規則性の発見」であろう。「データの処理」では，得られたデータを表やグラフ，図に変換することが重要となる。一方,「規則性の発見」では，パターンや傾向を解釈することが重要となる。

3．科学的に探究する方法の実際

　それでは，次に，科学的に探究する方法としての「比較」や「関係付け」などの使用の具体例を実際に見てみよう。事例として，中学校第 1 学年の内容項目「身近な物理現象」の「(ア) 光と音」「①凸レンズの働き」を具現化した「凸レンズのはたらき」（有馬他，2017，pp.149-152）の実際を見てみよう。

　「凸レンズにできる像にはどのようなきまりがあるのだろうか」を課題とし，光源，凸レンズ，スクリーンの位置を変えながら調整し，スクリーン上に実像を結ばせる実験を行う（図5-7-1）。その際に，凸レンズと光源の距離，凸レンズとスクリーンの距離，像の大きさ，像の向きを，焦点距離10cmの場合をデータとして表に記録する（表5-7-1）。そして，凸レンズと光源の距離，凸レンズと像の距離のそれぞれを関係付ける。また，実物（光源の大きさ）

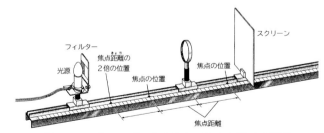

図5-7-1　凸レンズによる像のでき方を調べる実験
（出典：有馬他〔2017〕『新版理科の世界 1 』大日本図書，p.150より抜粋）

表5-7-1　焦点距離10cmの場合のデータ表

凸レンズと光源の距離	凸レンズと像の距離	実物と比べた像の大きさ	実物と比べた像の向き
30cm	15cm	小さい	上下左右が逆
20cm	20cm	同じ	上下左右が逆
15cm	28cm	大きい	上下左右が逆

(出典：有馬他〔2017〕『新版理科の世界1』大日本図書，p.152より抜粋)

と像の大きさ，実物（光源の大きさ）と像の向きを比較する。さらに，光源，凸レンズ，スクリーン上にできる像を作図によって分析する。これらを通して，像の位置や大きさ，像の向きについての規則性を定性的に解釈する。

このように科学的探究を通して，比較や関係付けといった科学的に探究する方法を踏まえ，作図による分析を経て，像の位置や大きさ，像の向きについての規則性を解釈する。

以上より，比較，関係付けといった科学的に探究する方法は，科学的探究を支える礎となっている。付言すれば，基礎的な科学的に探究する方法とも言える。

参考文献

有馬朗人他（2017）『新版理科の世界1』大日本図書．

文部科学省（2018）『小学校学習指導要領（平成29年告示）解説　理科編』東洋館出版社．

文部科学省（2018）『中学校学習指導要領（平成29年告示）解説　理科編』学校図書．

(宮本直樹)

Q8 高等学校理科における「科学的に探究する方法を用いて考えること」について述べなさい

1．理科の見方，考え方

　中学校学習指導要領（平成29年告示），高等学校学習指導要領（平成30年告示）では，各教科等を学ぶ意義を明確化するため，各教科等において身に付ける資質・能力について整理された。これらの資質・能力の育成のために中核的な役割を果たすものとして，各教科等の本質に根ざした「見方・考え方」が示されている。ここで，「見方」については「様々な事象を捉える各教科等ならではの視点」，「考え方」については「各教科等ならではの思考の枠組み」であるとされた。

　高等学校学習指導要領（平成30年告示）解説理科編によると，理科の見方・考え方は，「自然の事物・現象を，質的・量的な関係や時間的・空間的な関係などの科学的視点で捉え，比較したり，関係付けしたりするなどの科学的に探究する方法を用いて考える」（下線は著者）と整理されており，下線で示した部分が理科の考え方（思考の枠組み）である。この理科の見方・考え方は，従来，「科学的見方・考え方」としていたものを，「理科における見方・考え方」と「理科で育成する資質・能力」に分割して置き換えたもので，探究の過程を通した学習活動の中で，この「見方・考え方」を活用して，知識及び技能を習得したり，思考，判断，表現をしたりして資質・能力を養うことになる。また，同時に，学習を通じて「理科の見方・考え方」が豊かで確かなものとなっていく。

2．各学校種における学習指導要領解説の記述

　小学校，中学校，高等学校のそれぞれの学習指導要領解説において見方・考え方がどのように表現され，発達の段階に合わせてどのように育まれるようになっているかを確認することは，指導を計画する際に重要となる。

（1）小学校での記述

　小学校学習指導要領（平成29年告示）解説理科編では，「見方」について，エネルギー領域では，主として量的・関係的な視点で捉えること，粒子領域では，主として質的・実体的な視点で捉えること，生命領域では，主として共通性・多様性の視点で捉えること，地球領域では，主として時間的・空間的な視点で捉えることが特徴的な視点として記述されている。これらの視点は各領域固有のものではなく，強弱はあるが他の領域でも用いられる視点であることも述べられている。また，理科に限らない「見方」として，原因と結果，部分と全体，定性と定量などの視点も挙げられている。

　「考え方」については，問題解決の能力を基に，比較，関係付け，条件制御，多面的に考えることなどが挙げられている。この４つの考え方については解説がなされており，「比較」については，同時に複数の事物・現象を比べたり，変化を時間的な前後の関係で比べたりすることなどがあり，具体的には，問題を見いだす際に比較により差異点や共通点を明らかにすることが示されている。「関係付け」については，変化とそれに関わる要因を結び付けたり，既習の内容や生活と結び付けたりすることなどであり，具体的な例として予想や仮説を立てる場面が示されている。同様に「条件制御」については，観察，実験などの場面で，変化させる要因と変化させない要因を区別して計画的に行うことが，「多面的に考える」については，予想や仮説，観察，実験の方法を振り返り，再検討したり，複数の観察，実験から得られた結果を考察したりすることが示されている。

　小学校では，主に，第３学年で「比較しながら調べる活動」，第４学年で「関係付けて調べる活動」，第５学年で「条件を制御しながら調べる活動」，第６学年で「多面的に調べる活動」と，発達の段階を考慮して段階的に思考力，判断力，表現力等を育成するようになっている。このように配置することで，どのような視点で自然の事物・現象を捉え，どのような考え方で思考すればよいかを自覚しながら，自然の事物・現象に関わることができるようになると考えられる。

（2）中学校，高等学校での記述

　中学校及び高等学校学習指導要領解説理科編では，「理科の見方・考え方」については，１で示した内容で説明されている。この説明は小学校と比較して簡略化しているが，中学校，高等学校では，小学校の段階的な学習を踏まえて，「見方・考え方」をいろいろな領域のそれぞれの場面で働かせていくため，ここでは，代表的な視点や考え方の例示でとどめ，一方で，「科学的な視点」，「科学的に探究する方法」と科学性を強調していると考えられる。

3．高等学校における「科学的に探究する方法」

　中学校と高等学校の「理科の見方・考え方」の表現は同じであっても，「見方」については，表5-8-1のように中学校から高等学校へ深化が図られている。
　高等学校では，表のように見方の違いを考慮して，事象をより包括的・高次的に捉えることになる。例えば，エネルギー領域「運動の法則」では，中学校で学んだ斜面を下る台車の運動や日常生活で物を動かす体験などと関係付けて，現象に関連する要素（質量，力，速度など）を設定し，条件を制御した実験を計画，遂行してデータを集める。この結果をグラフ化して見いだした速度と時間の関係を基に，さらに異なる条件での結果と比較して法則性を見いだすことになる。その際，速度の時間変化を示す物理量である加速度を理解し，運動の法則としてまとめる展開となる。これらの例のようにエネルギー領域では，量的関係として法則をまとめるのが特徴となる。そのた

表5-8-1　各領域における特徴的な見方　学校段階の違い

	エネルギー	粒子	生命	地球
中学校	見える（可視）レベル～見えない（不可視）レベル	物～物質レベル	細胞～個体～生態系レベル	身のまわり（見える）～地球（地球周辺）レベル
高等学校	見える（可視）レベル～見えない（不可視）レベル	物質レベル（マクロとミクロの視点）	分子～細胞～個体～生態系レベル	身のまわり（見える）～地球（地球周辺）レベル～宇宙レベル

出典：中央教育審議会初等中等教育分科会教育課程部会「理科ワーキンググループにおける審議の取りまとめについて（報告）」（資料１抜粋）

め，比較の際には，結果がもつ誤差や統計的要因の考察も必要となる。このほか，高等学校では現象と理論との比較や関係付け，モデル化なども行われる。また，仮説の立案や考察の場面では，演繹や帰納といった推論が行われたり，数学の見方・考え方などを活用したりする場合もある。

科学（自然科学）のもつ条件として，実証性，再現性，客観性が考えられる。「科学的に探究する方法」である理科の考え方は，事物・現象の理解において，この3つの条件が満たされるように用いられると言い換えることができる。高等学校では，自然科学の学問体系を踏まえ，探究の各過程で，生徒が比較，関係付け，条件制御，多面的考察などを使って，法則などを見いだす活動を通して，科学的に探究する意義などの理解を図ることも重要と考える。

参考文献

中央教育審議会初等中等教育分科会教育課程部会（2016）「理科ワーキンググループにおける審議の取りまとめについて（報告）」 https://www.mext.go.jp/b_menu/shingi/chukyo/chukyo3/060/sonota/__icsFiles/afieldfile/2016/09/12/1376994.pdf

文部科学省（2018）『小学校学習指導要領（平成29年告示）解説理科編』東洋館出版社.

文部科学省（2018）『中学校学習指導要領（平成29年告示）解説理科編』学校図書.

文部科学省（2019）『高等学校学習指導要領（平成30年告示）解説理科編理数編』実教出版.

（山下雅文）

第6章

理科の学習上の困難点

Q1 「エネルギー」領域における誤概念について述べなさい

1.「エネルギー」領域での学習困難性

　「エネルギー」領域では小学校から高等学校の物理基礎にわたって，捉え方・変換と保存・資源の有効利用の3つの系統性からエネルギーのシステム的理解を促し，一貫した知識体系を構築することが求められる。また，生活でのエネルギー利用を科学的な理解に基づき振り返らせることも行われる。

　小学校の学習では，例えば「力を加えると運動の様子が変化する」のように，問題解決で自ら行った操作と観察した反応事実を関係付けた知識づくりをしている。現象発生の仕組み説明は小学校では求めないため，独自の概念的な捉えを構成している。生徒における誤概念の存在は実践を通じて確認されており，小・中学校では昭和50年代より「つまずき」と紹介されてきた。生徒は様々なエネルギー現象を観察する際，自らの捉えを見直す機会に位置づける場合のみ，「系や物体がもつ、仕事をすることができる能力」といった科学的なエネルギー概念へ向けた再構成が行われる可能性が生まれるが，その学びの過程は容易に進展するわけではない。

（1）生徒の概念学習における困難性の起源

　デュイット（1993）によれば，生徒自身は首尾一貫した意味構成をしようとするものの，学習において次のような5点の影響があると指摘している。

　①　生徒のもつ概念が，観察する内容に影響を与える。

　②　実験的証拠は，本人のもつ概念の不適切性を必ずしも確信させない。

　③　人は自分の考えを支持する実験の側面だけを，観察する傾向にある。

　④　教師や教科書などから与えられた情報は，概念による影響を受ける。

　⑤　教育では，しばしば生徒の概念を科学的概念に導くことに失敗する。

　これらの指摘から，生徒が自身の既有概念を意識したうえで不具合に気づき，学びへ向かうことは大変困難であると言える。その理由として，生徒が

概念を育む要因に次の事項が深く関わっているためと指摘されている。

① 感覚的印象（例：物は使うとなくなるという日常イメージを適用する）

② 日常の言語（例：エネルギーを「○○の持つちから」と表現している）

③ 脳の生得的な構造（例：既有概念に都合良い形で，情報を処理している）

④ 生徒の社会的環境における学習（例：マスメディアの喧伝_{けんでん}を記憶する）

⑤ 教育（例：誤りが入った情報の受容や，情報の解釈誤りが発生しがち）

　したがって，教師が正しい情報を伝え，生徒が観察・実験を行い，演習問題を解くだけで，知識は間違いなく学べるものと安易に捉えるべきではない。メタ認知的方略の導入など，生徒が苦手としている相対的な考え方を重視した教授方略が生徒の学びには有効であることを理解して，教師が実践する理科授業における概念構成過程を再吟味して改善することが求められる。

（2）エネルギーについての誤概念

　物理学では，観察された具体的な事象から取り出した表象から概念化を図るばかりでなく，定義付けがなされた幾つかの抽象概念を組み合わせた定式化により，論理的な概念化も行っている。エネルギーに関しては，運動エネルギーや位置エネルギーといった力学的エネルギーのほかに，熱，電気，音，光，化学，原子核など多種のエネルギーが定められてきたことから，定式化には，ある物体の質量や位置，速度や加速度，電荷や電位差，比熱や温度，振動数などの多種の概念が関わる形となっており，さらにSI単位系のジュール〔J〕を用いて大きさを表すことになっている。他の領域と比べ，中核の基本概念自体がまさに捉えづらいものである。エネルギー変換の現象を観察して理解する際に，これら関与する概念やそれらの知識を網羅してエネルギー状態を説明する変数の状況を捉えることは，断片的な記憶を積み上げた初心の学習者には情報処理に関して認知的な余裕が無く，誤りが起こりやすい。

　エネルギー変換の際に仕事を伴うが，日常で見かける多くの現象では熱損が発生するために，閉じた系で考えない場合には変換前後でエネルギーの総量が保存されると捉え難く，「仕事の際にエネルギーは使われて減る」と消費イメージの誤概念をもつことが一般的で根強い。また，エネルギーと運動量や，仕事と力積において，イメージや意味を区別して捉えづらいことから，

運動状態の変化前後で保存則を当てはめて検討する際に，混同されやすい。

２．各エネルギー現象の学習で見られる誤概念

（1）力と運動における誤概念

　見た目に静止している物体に対して，我々が慣性系にいるときは，加わる力の釣合いが取れた状態というよりも「力が働いていない状態」と捉えがちである。一方で，加速度系にいるときは，物体に見かけの力である「慣性力が加わっている」と受け止めている。系に慣れた我々が，その影響へ意識を向けることは難しい。また，軸を選んで力の分解を考えたり，接触面に加わる力を見積もって圧力を考えたりするような，目的や状況を読み取って方法を選択する際にも誤概念が現れやすい。

　運動している物体に対しては，外力とは別に，「物体に内在する運動のための力（MIF）が進行方向に作用する」と誤概念を根強くもつ傾向にある。物体のMIFに速度を対応付けたり，運動エネルギーと混同したりする影響が考えられる。また，物体の運動を位置・速度・加速度・力・エネルギーの時間変化と対応付ける理解は難しいため，作業誤りが誤概念として見いだされる。

（2）熱における誤概念

　熱については，主に高温（熱さ）の意味で「温度」が想起されたり，熱の移動現象から「物質的に物体間を移動して授受されるもの」と考えられたりする。また，熱伝導や放射での不可逆変化から，熱を「逃げるもの」「資源の有効利用の点で不要な損失を与えるもの」と捉えている。高等学校の物理基礎で，物質を構成する分子の運動エネルギーが熱エネルギーであると学ぶ。中学校で物質の状態変化の理解に粒表現図を導入して，分子の動きや分子間距離のイメージを提示していても，熱については話題にされてはいない。

　対流は温度差のある流体の不均一性が起因の流動現象であるが，小学校の実験で熱源周辺の上昇流にあわせた温度変化のみ扱われるため，流体の状態変化抜きで，「流体の移動を熱の移動の説明に用いる」誤概念が根強い。

（3）電流と磁界における誤概念

　電流は，「電源の２極から回路負荷へ向けて流れる（衝突説）」が小学校で

根強い。＋極から－極へ回路内を循環すると理解しても，「回路負荷で使用され減少する（消費説）」と中学校まで誤解される。保たれた流れと理解するには，原子間の自由電子の授受によるモデル化や，電圧や電力・電気エネルギーなど他の概念との分化が重要である。また，電場や磁場などの空間状況を読み取り方法選択させる際には，式的表現を確認するのではなく，「その場でどう置かれているから何が起こるのか」を説明させると，関連する概念の当てはめや作用の向き判断などの誤りが誤概念として顕著になる。

（4）波動や振動における誤概念

光については，像や色などの視野の説明で，光の直進性や回折，反射・屈折・散乱や吸収を関わらせた誤概念が出現しやすい。また，レンズや鏡の結像を考える際に，複数本の光線を描画する意図や，光軸・焦点との関係付けの理解不足による誤りが，誤概念として見いだされる。音については，縦波モデルの理解が難しく，その横波表現でつまずく。また，ドップラー効果では空間での相対運動における速さ・振動数の関係を捉えることが難しく，図的解釈や立式の段階で向きの取り方などの誤りから，誤概念が見いだされる。

参考文献

Driver, R., Guesne, E., & Tiberghien, A. (1985). *Children's ideas in science*, Open University Press.

デュイット, R. (1993)「生徒の概念フレームワーク：理科学習に対する結論」S.M. グリン，R.H. イェーニィ，B.K. ブリットン編（武村重和 監訳）『理科学習の心理学』東洋館出版社，77-100.

長州南海男・武田一美編著（1982）『中学校理科のつまずきとその指導 第1分野』東京書籍.

武村重和編（1984）『図説理科子どもの思考つまずき事典 小学5・6年』明治図書出版.

（平野俊英）

Q2 「粒子」領域における誤概念について述べなさい

1.「粒子」領域におけるミスコンセプションの特徴

（1）ミスコンセプションとは

　生徒の科学的な考えや考え方と異なる自然認識は，一般的には，オルタナティブコンセプション（alternative conception）と呼ばれる。特に，子どもが授業前にもっている考えであることに着目する場合は，プレコンセプション（pre-conception），科学的に誤っている考えであることに着目する場合は，ミスコンセプション（mis-conception）もしくは「誤概念」と呼ばれる。例えば，溶液の均一性について，塩化ナトリウム水溶液では，溶液の上層と比べて，より下層の方が濃度が高くなっているというミスコンセプションの存在が知られている。

　一般的に，生徒のミスコンセプションは，科学的な見解を示すだけでは容易には改善しないものもある一方で，問題とする状況によって逐次変化するものもあるので，生徒の思考プロセスや自然認識における能動的な役割に着目することが重要である。

（2）ミスコンセプションが生じる要因

　化学学習でのミスコンセプションは，①感覚的な印象，②生活経験，③言語，④理科授業，⑤化学分野の特有性などの影響で生じると考えられている。

　①感覚的な印象や②生活経験の影響は，いろいろなところで確認される。例えば，水溶液の濃度に偏りがあるという認識は，塩化ナトリウム（溶質）を水（溶媒）に容器上部から加えると，下方へと降下していくことを観察することから生じやすい。また，果汁入りのジュースや味噌汁では，下層の方が味が濃いと感じるのは身近な経験でありうる。

　また，③言語も，言語使用の有り様を反映して，我々の思考を方向付けて

おり，潜在的にミスコンセプションを植え付けてしまうこともある。例えば，熱は物質ではないが，体温を測定する場面では「熱がある（ない）」と表現し，容器内に固体・液体がなく，空気（気体）のみ入っている場合，物質が存在しているのに，「空」の容器と言う。

　④理科授業によっても，生徒のミスコンセプションが生じる可能性もある。教師自身が教育内容に対してもっているミスコンセプションが教授過程を通じて，生徒へ伝達される場合や，理科カリキュラムや教科書の内容構成や記述によって生徒がミスコンセプションへと導かれる場合がありうる。例えば，電気分解では，静電気的な引力によって，電解質水溶液中の陽イオン，陰イオンが，それぞれ電極の陰極，陽極へと移動するというオルタナティブコンセプションがあるが，これを教師が保持していれば，授業を通じて生徒へと伝達されることになる。また，現状の中学校理科カリキュラムでは，原子の構造やイオンの生成は教えられているが，化学結合は扱われていないことから，電解質は水に溶けたときにイオンを生成するというミスコンセプションが導かれやすい（図6-2-1）。

　上述の学習環境に関わる影響①〜④の他に，学問分野としての化学が，巨視的レベル・準微視的レベル・記号的レベルを往還しつつ，物質を探究する営みであること（⑤化学分野の特有性）にも関係している（図6-2-2）。例えば，巨視的レベルの性質（塩素ガスの色）を準微視的レベルの性質（塩素原子の色）にも適用して考えてしまうことがありうる。

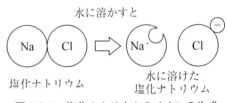

図6-2-1　塩化ナトリウムのイオンの生成

図6-2-2　物質を捉える３つの水準

207

２．「粒子」領域でのミスコンセプションの事例

（１）物質の状態と粒子性

　生徒の物質の粒子性や状態変化に関するミスコンセプションは，盛んに調査が行われ，その具体的内容が報告されている。一般的に，生徒は巨視的レベルと準微視的レベルとを区別したうえで，物質の粒子性を捉えることや，粒子の存在や物質の状態を，他の物理的な要因（例えば，体積や温度）と関連付けることなどに困難を抱えている。

　例えば，加熱に伴う気体の体積変化について，適切な実験が行える巨視的レベルでは，気体の体積が増加するという認識を共有することは難しくはないが，準微視的レベルでの認識は多様であり，粒子膨張説のようなミスコンセプションが見られる（図6-2-3）。粒子膨張説は，巨視的レベルの気体の状態と準微視的レベルの気体粒子の状態を同一視したような考え方である。また，物質の粒子性も理解されているとは言えず，物質は連続的に存在するという考え方でもある。それに対して，粒子移動説では，２つのレベルが区別され，物質の粒子性が一定程度理解されている。しかしながら，粒子の熱運動に関する認識が伴わない状態であれば，熱源を避ける方（外側）に粒子が移動することで，体積が膨張するというミスコンセプションでもありうる。なお，中学校では，熱運動はあまり深く扱われないため，高校段階まで，生徒が上述のミスコンセプションを保持している可能性は考慮しておきたい。

（２）物質の性質と反応

　物質が酸素（酸化物）と反応する燃焼反応は，身近な化学反応の１つであるが，その一方で，様々なミ

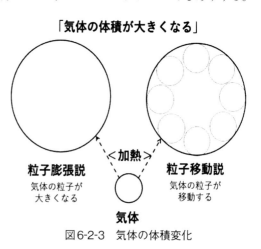

「気体の体積が大きくなる」

粒子膨張説
気体の粒子が
大きくなる

＜加熱＞

粒子移動説
気体の粒子が
移動する

気体

図6-2-3　気体の体積変化

スコンセプションも知られている。例えば，水素の燃焼実験では，爆鳴気の演示実験がよく行われることもあって，その燃焼範囲は考慮されずに，単純に水素は爆発する気体であると誤って理解されていることがある。また，消防用品として二酸化炭素消火器が普及していることや，小学校での燃焼の実験では，酸素と二酸化炭素の量的な変化が強調されることもあって，二酸化炭素には火を消す性質があるとのミスコンセプションも見られる。長短2本のろうそくの燃焼がフタを閉めるとどうなるのかという問題（図6-2-4）に対して，先に消えるのがどちらかを選ぶに関わらず，生徒は，酸素（反応物）の濃度変化ではなく，二酸化炭素（生成物）の作用として説明する傾向

がある。加えて，原子量を学習していると，温度によらず二酸化炭素が空気より常に重いと考えがちである。一方で，化学反応の基本的な考え方，燃焼時が高温であること，それに伴って気体が上昇移動することなど，既有の知識が整合的に活用されていないことも，ミスコンセプションが形成・保持される要因になっている。

図6-2-4　ろうそくの燃焼

参考文献

Barke, H. D., Hazari, A., & Yitbarek, S.（2009）. *Misconceptions in chemistry: Addressing perceptions in chemical education,* Springer.

ドライバー, R., ゲスン, E., ティベルギェ, A. 編（内田正男監訳）（1993）『子ども達の自然理解と理科授業』東洋館出版社.

Garnett, P. J., Garnett, P. J., & Hackling, M. W.（1995）. Students' Alternative Conceptions in Chemistry: A Review of Research and Implications for Teaching and Learning, *Studies in Science Education, 25*, 69-95.

Gilbert, J. K., De Jong, O., Justi, R., Treagust, D. F., & Van Driel, J. H.（Eds.）（2002）. *Chemical education towards research-based practice.* Kluwer Academic Publishers.

（内ノ倉真吾）

Q3 「生命」領域における誤概念について述べなさい

　生命領域における誤概念は，身近な生物を中心に扱うことやヒトという自分自身を中心として捉えていることから得られていることが考えられる。

　例えば，小学校では，植物であれば最も高等な被子植物を中心に，動物であればヒトや昆虫から取り扱う。その中には，タンポポの花と花びらの構成やカブトムシの体のつくりなど，誤概念を生じやすいものがある。

　また，自分自身がヒトであるため，ヒトを比較の客体として考えがちで，他の動物の体のつくりに違和を感じることも多くある。例えば，バッタの聴覚器や甲殻類の排出器の位置を自分の体と比較して考えさせると子どもたちは驚くことが多い。また，現代の子どもたちの原体験の変化によって，教員の想像を超える子どもの誤概念の獲得が報告されている。

　本項ではここで遺伝（形質遺伝学〔いわゆるメンデルの遺伝の法則〕に関する教育内容）について詳しく見ていきながら，生命領域の誤概念の転換の方策について考えていきたい。

1. 遺伝に関する語概念の具体について

　遺伝現象は，生命の共通性・多様性，連続性を理解するための鍵となる概念である。遺伝の単元は，内容の精選により中学校と高等学校の教育内容を行ったり来たりした。さらに高等学校の教科書の記述内容では，徐々にメンデルやベーツソン，モーガンなどが行った探究の方法に関する記述が増え，単に規則性を教えるだけでなく，探究の方法を取り扱う教科書が増えていったが，2009（平成21）年改訂学習指導要領では遺伝の単元はなくなっている。このような劇的な変化がある単元も珍しく，子どもたちにとって遺伝に関する理解の困難さを示す証左と捉えることもできる。

　ここで，メンデルが明らかにした遺伝の規則性について確認しておきたい。メンデルは「雑種植物の研究」を1865年に発表したが，1900年のコレ

ンス，ド・フリース，チェルマクの「メンデルの法則の再発見」まで，学術界にて評価されていなかったことが有名である。具体的な論文の内容について概観すると，入念な材料の検討，形質という明確な基準で分析していること，記号・数式を用いた表現，分離比を基に因子の数を推定していることなどが研究の特徴としてあげられる。メンデルは生物学において，物理学などの他の分野の研究手法を援用しながら，粒子性を導入した遺伝因子（今でいう遺伝子）の捉え方を仮説演繹的・実験的に示したことがもっとも重要な功績として捉えることができる。また，メンデルが発表した論文の中では，日本の遺伝の3法則として取り上げられる分離の法則，優性の法則，独立の法則は具体的には取り扱われていない。さらに海外では，遺伝の法則を分離の法則と独立の法則で規定している場合もある。

　次にメンデルが確立した形質遺伝学から細胞遺伝学，分子遺伝学などへの学問的な発展を概観していく。まず，1903年にサットンが，メンデルがいう遺伝因子の伝わり方が減数分裂の過程での染色体の挙動と一致することを見いだし，染色体上に遺伝因子が存在しているという染色体説の提唱が重要である。次に，モーガンらは，複数の遺伝子が染色体上に配列していることを，ショウジョウバエを用いた実験で示し，染色体地図を作成している。さらにグリフィスとエイブリーが肺炎双球菌を用いて明らかにした形質転換，ハーシーとチェイスがT_2ファージを用いて遺伝子の本体がDNAであること，ワトソンとクリックによるDNAの二重らせん構造の解明へと発展していった。このように遺伝学は形質レベルから分子レベルへと階層性をもった発展をしていき，モデル生物の考え方を養う教育内容としても重要と捉えることができる。また，遺伝学は農学や医学への応用，数学者なども加わり，集団遺伝学や社会学へと多岐にわたり発展している。

　まず，遺伝に関する誤概念で取り上げられるのが，優性，劣性という遺伝用語に関する問題である。様々な調査によって，生存に有利な形質を優性形質と捉えている子どもが多いことが報告されている。この誤解は，漢字が示す意味からとらわれることと，自然選択・適者生存の用語として間違われていること，さらに集団内での現れてくる頻度としてとらわれることを分けて

議論する必要がある。漢字が与える影響については「顕性」と「潜性」という用語に置き換える提案や，そもそも優性や劣性という言葉自体を取り扱わない提案がある。現在の教育内容では，染色体にある遺伝子を介して親から子へ形質が伝わること及び分離の法則について理解させることがねらいとして明記されており，優性の法則については取り扱う必要性は低く，後者の対応が現実的であると考えられる。また，何よりも実際に雑種第二代（F_2）に劣性形質が現れることを観察させることが有効である。

　次に問題となるのは分離の法則についての理解である。子どもたちはよく，分離の法則の定義を「優性の形質と劣性の形質が3：1に現れること」と捉えている。分離の法則は「対立形質を支配する1対の対立遺伝子が雑種第一代（F_1）の個体で互いに融合することがなく，配偶子が形成されるときに互いに分かれて別々の細胞にはいること」（岩波生物学事典第5版）と規定されているが，比較的新しい専門的な辞書や実践的研究において形質の分離比が重要であるかのように捉えられていることが多いことからも，遺伝の規則性についての本質的な理解が難しいことが示唆される。この誤概念の転換には2つの方策が考えられる。1つは遺伝子の捉え方を科学史と合わせて整理しながら例示していくことである。親に子が似るという融合説的な遺伝現象の捉え方を取り扱い，その後メンデルが行った実験方法および実験結果を示し，上記のメンデルの探究の方法の特徴を押さえながら指導していく方法である。もう1つの方策は指導する規則性の順序である。優性の法則を取り扱わずに親世代での配偶子形成時に，もしくは不完全優性の形質を取り扱うことで雑種第一代での配偶子形成時に，分離の法則について指導することが有効であると考えられる。現在，多くの教科書では染色体説を導入した図を用いて分離の法則を視覚的に理解させる工夫が見られ，親世代で分離の法則を規定する方法がとられているものもある。

　最後に取り上げる誤概念は遺伝子決定論や優生思想につながる考えである。遺伝子が次世代に正確に伝わることを示す遺伝現象の理解は，遺伝子が身体的，行動的形質を決定するという考えや，1つ目に取り上げた誤概念と合わせて優秀な遺伝子を残すべきという思想につながりかねない。特に最近

では遺伝子検査が一般化してきており，子どもたちが上記の考えに陥りやすいことは容易に想像できる。解決策としては2点あげられる。1点目は，進化の内容と合わせて遺伝子に変化が起きて形質が変化すること（変異・多様性・進化）を指導することである。次に「社会学の要素も包括した，科学に関する（論争の焦点となる）諸問題（Socio-scientific issues）」として保健科や社会科と合科的に指導しながら科学哲学として取り扱うことが考えられる。

2.　おわりに

　生命領域の誤概念は，冒頭に述べたように身近な生き物や自分自身がヒトという種であるというところから獲得することが多い。遺伝を取り上げた事例のようにその誤概念の転換は容易なことではない。メンデルの論文が長い間学術界でも理解されなかったことが示している通りである。そこで，生命領域の誤概念の転換に対して科学史や科学哲学に関する知識を活用し，文脈をもった丁寧な指導が1つの改善案としてあげられる。

　遺伝に関する概念は生命領域のみならず，様々な教科の概念に影響を与えるものである。現在，ヒトに直接関連する内容が扱われていないことも上述の誤概念の獲得に影響を与えていることも考えられる。米国のBSCS（Biological Science Curriculum Study）Biology：A Human Approach のように，ヒトを中心とした教育内容の構成も検討するに値すると考える。

参考文献

渥美茂明ら（2018）「平成21年高等学校学習指導要領に対応した生物分野の教科書に見られる用語の研究」『生物教育』60（1），8-22.

池田秀雄・向平和（印刷中）「遺伝学の教育史」『遺伝学の百科事典』丸善出版.

石川統ら編（2010）「分離の法則」『生物学辞典』東京化学同人，1165.

巖佐庸・倉谷滋・斎藤成也・塚谷裕一編（2013）「分離の法則」『岩波生物学辞典』岩波書店，p.1254.

クロー, J. F.（木村資生・太田朋子訳）（1991）『クロー遺伝学概説』培風館.

日本遺伝学会監修・編（2017）『遺伝単』エヌ・ティー・エス.

メンデル, G.（岩槻邦男・須原準平訳）（1999）『雑種植物の研究』岩波書店.

向平和（2013）「中等教育段階における遺伝領域の教材開発——遺伝の法則に関する内容を中心に」『生物の科学　遺伝』67（3），283-288.

向平和（2004）「高等学校の遺伝の導入において分離の法則の例示に不完全優性の形質を用いる効果——学習内容の配列の相違が学習者に与える影響」『日本教科教育学会誌』27（3），21-28.

（向　平和）

Q4　「地球」領域における誤概念について述べなさい

　「地球」領域では，地球の内部と地表面の変動，地球の大気と水の循環，天体の運動などを学習する。このような地球科学において誤概念が生じる背景として Dove（1998）は，言語の不正確な使用，概念の単純化，暗記学習，地形に対する固定観念化などの教育学的慣行，生徒の前提知識の不足，地球科学の内容の一部が抽象的であることを挙げている。本稿では，このような背景から生じると考えられる誤概念を一部紹介する。そして最後に，生徒に正しい理解を促すための教師の手立てを検討する。

1．日常的な言葉を用いた説明：低気圧・高気圧のまわりの風の吹き方

　教師が高気圧・低気圧のまわりの風の吹き方を指導する際，右回り（時計回り）や左回り（反時計回り）という表現を用いて説明することがある。しかし，この指導によって，図6-4-1に示すように，高気圧・低気圧まわりの風が"円を描く"，あるいは"渦巻く"ように吹くという誤概念（回転，渦巻きモデル）を生徒にもたせてしまうことを明らかにしている（田村・桐生・中野・小松・久保田，2016）。

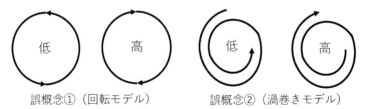

誤概念①（回転モデル）　　　誤概念②（渦巻きモデル）

図6-4-1　低気圧・高気圧の誤概念モデル（矢印は風が吹く向きを表す）
（田村ら（2016）を基に作成）

２．前提知識が不十分であることによって生じる誤概念

（１）岩石・鉱物の関係性

廣木・平田（2007）は中学校第１学年の地学分野の授業終了後に，生徒が岩石・鉱物をどのような関係で捉えているか調査を実施した。その結果，多くの生徒が，鉱物を岩石の一種と考えていることが明らかになった。その原因の１つとして，岩石と鉱物という用語の関係を岩石と鉱物という物質的な関係と同じものであると理解していることを挙げている（それぞれの関係を示したのは図6-4-2の通り）。

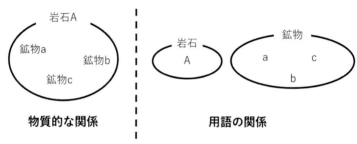

図6-4-2　岩石・鉱物における物質的な関係と用語の関係
（廣木・平田（2007）を基に作成）

廣木・平田は，調査を実施する直前の学習によって，生徒は「鉱物（例えば，石英，長石）は岩石（例えば，花崗岩）に含まれる」という物質的な関係を理解することができた一方，岩石と鉱物の用語の関係もこれと同様に捉えてしまったため，鉱物を岩石の一種という誤った理解をしたと考察している。そのような理解をさせないためにも，物質的な関係を生徒が学習した後に，用語としての関係を再度確認させることが重要であると述べている。

（２）地球の運動に伴う月の自転の速さ

阿部・古屋（2018）は，中学校第３学年で学習する天体に関する問題を高校生，大学生を対象に出題している。その結果，月の自転の速さに関する問題の結果に着目すると，月の自転周期は１日である，あるいは月は自転して

いないと捉えている者が多いことが明らかになった。阿部・古屋は，この原因として，月の自転について触れている教科書があまりないこと（5社の教科書を分析し，触れていたのは1社のみであった），研究当時の学習指導要領解説では月の自転に関する内容の取り扱いがないことから，月の自転に関する学習をしていないため，生活経験に基づく素朴概念（誤概念）が生じていると述べている。

3．教科書のステレオタイプ化：月の位置を考える際の太陽光の入射方向

阿部・古屋（2018）は，月の公転を考える問題も出題しており，その解答を分析したところ，月の位置を考えるにあたって次の2つの誤概念をもっていることを明らかにしている。

① 太陽光固定型…地球に入射する太陽光は，地球がどの位置にあっても同じ方向から入射するという考えに基づき，月の位置を考えている。図6-4-3は新月，満月時の太陽と地球，月の位置関係を，太陽光固定型で考えた場合（左側）と正しい太陽光の進み方で考えた場合（右側）で示している。満月のときに着目すると，太陽光固定型の場合，太陽光が新月のときと同じ方向から地球へ入射するという考えに基づいて月の位置を考えている。本来，図6-4-3の右側のように，太陽光は太陽から放射状に進むため，それを考慮して月の位置を考えなければならない。

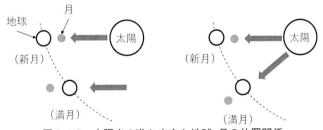

図6-4-3　太陽光の進む方向と地球・月の位置関係
（阿部・古屋（2018）を基に作成）

②　地球固定型…地球の公転を考慮せず，特定の位置で固定して月の位置
　　を考えている。

　このような誤概念が生じる原因として，教科書の説明図の影響があること
を挙げている。例えば，ある教科書では，地球を固定し，月の公転だけを示
していたり，太陽光を示す矢印も地球に対して常に平行に入射するようなイ
メージを生徒にもたせるような矢印の書き方になっていたりと，位置関係や
太陽光の入射方向が時間によって変化することを把握することが難しい。

4．おわりに

　地球領域で扱う題材は，時間的・空間的なスケールが大きいことや，その
地域の土地柄次第で，地層や火山の観察を行うことが難しいときがある。そ
のため，教科書や資料集等に基づく教師の解説のみで授業が展開されてしま
うことも少なくない。しかし，その際に教師が用いる用語，資料の提示の仕
方次第で，生徒に誤った理解を促してしまう可能性がある。生徒に科学的に
正しい理解を促すためには，教師側の手立てとして，以下の2点が考えられ
る。1点目は，授業時に生徒にどのように説明するか十分考慮することであ
る。現象を説明する際の例え話や教科書に記載されている情報をそのまま教
えるだけでは，生徒に誤概念を持たせてしまう可能性があることに留意す
る。2点目は，時間的・空間的な広がりを生徒がイメージできる教材を利用
することである。例えば，地球と月や金星の位置関係を学習する際，モデル
を用いて，生徒が実際に動かしながら学習するというのが挙げられる。その
ときに使うモデルは，実際の現象を表現できない部分もあるため，それを生
徒に指導しておくことも大事である。

参考文献

阿部みさと・古屋光一（2018）「地球と月の公転と自転の向きと速さおよび
　　　　月の満ち欠けに関する概念調査問題の開発とその理解 —— 大学
　　　　生・高校生を対象として」『科学教育研究』42（4），391-406.

Dove, J.（1998）. Students' alternative conceptions in earth science: A review of research and implications for teaching and learning. *Research Papers in Education, 13* (2)，183-201.

廣木義久・平田豊誠（2007）「中学生の岩石・鉱物の概念理解 —— 用語の構造理解と物質の構造理解の視点から」『地学教育』60（2），43-51.

田村領太・桐生徹・中野博幸・小松祐貴・久保田善彦（2016）「等圧線による風の吹き方の理解に関する事例研究」『日本理科教育学会全国大会論文集』(66)，405.

（堀田晃毅）

Q5　探究的な学習を進める上での困難点について述べなさい

『高等学校学習指導要領（平成30告示）解説　理科編　理数編』では，自然の事物・現象への気付きから課題を設定する「課題の把握」，仮説を設定し検証計画を立案し，観察，実験などを実施し結果を処理する「課題の追究」，考察したり推論したりしたことを表現する「課題の解決」が探究的な学習の過程として示されている。本項では，探究的な過程を含む学習について理科の授業の中で行う場合と，生徒が個人やグループで行う場合に分けて，それぞれの学習の特徴を踏まえ困難点を示す。

1．理科授業での探究的な学習を進める上での困難点

理科授業の中で探究的な学習を行う場合は，探究的な学習が行われるようになった経緯や学習指導要領の記載を踏まえると，学習内容に沿って探究的な学習を行うこと，探究の方法を習得させること，生徒に主体的に取り組ませることを考慮することが探究的な学習を行う上での困難点である。

（1）学習内容に沿った探究的な学習の実践

日本では，探究的な学習が始まる前の第2次世界大戦後に広く実践された生活中心の問題解決学習は，内容の選択・配列の系統性の欠如が批判され，内容の系統性を重視した教育に変わった。その後日本には，アメリカのカリキュラム改革運動で開発されたカリキュラムを取り入れる「理科教育の現代化運動」の際に探究的な学習が導入された。当時のアメリカのカリキュラムは，カギ概念（Key concepts）を中核に据えて，そのカギ概念を骨格として教育内容が組み立てられていた（降旗，1981）。これらの影響もあり，探究的な学習が示されている当時の中学校理科指導資料（文部省，1973）では，基本的な科学的概念の習得が重視されている。他方，平成21年改訂学習指導要領からは，科学の基本的な見方や概念を柱として理科の内容の構造化が図られている。このように，探究的な学習が導入された当時から現在まで，

科学の基本的な概念の理解は一貫して重視されている。

　探究的な学習を理科授業で行う場合は，探究的な学習を単元の学習内容と切り離して行うのではなく，学習内容に合った形で行うことが必要である。この単元の学習内容を踏まえ，探究の過程を含む形で学習活動を計画し実践するという探究的な学習と学習内容の両立が難しい点である。

（2）探究の方法の習得

　日本に探究的な学習が導入された際，探究的な学習を通して習得すべき探究の方法は，アメリカのカリキュラムではプロセススキルという個別のスキルとして示されていた。1969（昭和44）年改訂の中学校学習指導要領では，指導計画の作成の留意点として「問題の発見，予測，観察，実験，測定，記録，分類，グラフ化，推論，モデルの形成，仮説の設定，検証などの学習を適宜組み合わせて指導できるようにすること」と記載されており，プロセススキルに対応するスキルが示されている。『高等学校学習指導要領（平成30年）解説　理科編　理数編』においても，探究的な学習の過程として，問題を見いだすための観察，課題の設定，情報の収集，仮説の設定，実験の計画，実験による検証，実験データの分析・解釈，推論，法則性の導出が示されており，探究の方法が具体的に説明されている。

　探究的な学習が導入された当時は，機械的に観察の訓練だけを抜き出してやっても，現実の探究場面の観察では役に立たなかった（湊，1978）との指摘もあり，特定の方法を抜き出して探究の方法を指導することは不適切とされる。他方，科学者が行う科学研究では，研究課題によって研究方法は異なり，必ず使われるような決まり切った方法はない。これらを踏まえると，生徒には学習内容に沿って探究の方法の習得ができる学習が重要となるが，この両立が難しい点である。

（3）生徒の主体的な取り組みの重視

　2017（平成29）年改訂中学校学習指導要領では，中学校の理科の目標の1つは「自然の事物・現象に進んで関わり，科学的に探究しようとする態度を養う」ことであるが，「進んで関わる」という表現から，生徒の主体的な取り組みが推奨されていると言える。

探究的な学習は，学習者の主体的な取り組みの程度により分けることができる。探究学習論の確立に大きな影響を与えたシュワブは，解決すべき問いと方法が教師により提示されるか学習者が見いだすかにより探究は異なる（Schwab, 1962）ことを指摘した。探究的な学習では，課題を把握し，追究し，解決する過程を含むが，それぞれの過程を学習者が主体的に取り組むか，教師が提示するかにより異なる特徴をもつ探究的な学習となる。教師が提示した教師に導かれる形で行われる探究は，特定の科学的概念の形成に焦点化した学習となり，学習者が主体的に取り組むオープンな探究は，認知的発達と科学的推論の機会を提供する探究的な学習になる（NRC, 2000）。また，学習の順序性に関しては，教師に導かれた探究から始め基礎を確立してから，学習者が主体的に取り組むオープンな探究を行うほうがよいとされる。

　教師に導かれる形で行われる探究と，生徒が主体的に取り組むオープンな探究のどちらを行うかについて，生徒の発達段階や経験を踏まえて，段階的に授業実践を変えていく指導をすることが難しい点である。

2．生徒が個人やグループで探究的な学習を行う際の困難点

　探究的な学習は，生徒が個人やグループで，授業時間外や高等学校の各学科に共通する教科「理数」の学習活動として取り組むこともある。個人やグループで探究的な学習に取り組む場合には，次の困難点がある。

（1）探究に取り組むための基礎を身につける

　生徒が個人やグループで探究する活動でも，課題の把握，追究，解決の過程を含む点は共通している。このため，個人やグループで探究する際にも，生徒は探究の過程を理解し，探究の方法も活用できることが必要となる。

　探究の過程の理解と探究の方法は，実際に課題を追究し解決する経験を通して，理解し習得することが重要となる。このため探究的な学習の経験が少ない生徒に対しては，課題や探究の方法を教師が提示し探究的な学習に取り組む経験を積ませ，生徒の実情に合った助言をすることが必要となる。生徒が個人やグループで主体的に探究に取り組むことができるために必要なことを生徒の実態を踏まえ把握し，支援をすることが難しい点である。

（2）研究倫理の考慮

　生徒が個人やグループで，課題を解決するために探究する学習活動では，研究倫理の面の考慮が重要である。生徒が行う探究においても，記録を取り，適切に保管し，再現性や信頼性を確保することを指導して，研究上の不正行為である，データの捏造（ねつぞう），改ざん，盗用などが起こらないようにする指導が重要になる。さらにグループで行った探究の結果の公表の際には，論文作成に関わった人を著者として適切に公表することも必要になる。指導の際には，実際の科学研究の事例なども紹介し，生徒に研究倫理を踏まえ科学の探究を行うことの重要性にも気付かせる指導を行うことも難しい点となる。

（3）教師の協働と他機関との連携

　探究的な学習の推進と，探究的な学習の結果や成果などの発表の機会には，学校内では，複数の教師が協働して指導し，大学や研究機関，博物館や科学学習センターなどと積極的に連携，協力を図ることも重要である。生徒の探究的な学習の指導と発表のために，教師の協働と他機関との連携を確立することも難しい点である。

参考文献

降旗勝信（1981）「アメリカにおける理科教育改革の理念と実際」吉本市編『現代理科教育の課題と展望』東洋館出版社.

湊昭雄（1978）「プロセス・アプローチ」日本理科教育学会編『現代理科教育体系3』東洋館出版社.

文部省（1973）『中学校理科指導資料第1集探究の過程を重視した理科指導』東洋館出版社.

National Research Council.（2000）. *Inquiry and the national science education standards.* National Academies Press.

Schwab, J. J.（1962）. The teaching of science as enquiry. In J. J. Schwab & P. F. Brandwein（Eds.）, *The teaching of science.* Harvard University Press.

（畑中敏伸）

Q6　理科における学習意欲について述べなさい

　学びたいという意志や欲求の心理状態を総称して学習意欲と呼ぶ。学習意欲は主に教育心理学の領域を中心に「動機づけ」という学術用語で概念化され，多くの研究が積み重ねられてきた。本稿では，動機づけに関する近年の研究成果として「自己決定理論」と「期待－価値理論」という2つの理論を参照しながら，より良い理科授業のあり方を検討する。

1．動機づけの基礎

　行動や心の活動を開始し，方向づけ，持続し，調整する心理行動的なプロセスを動機づけと呼ぶ（上淵，2012）。学習を含む人の行動の多くには動機づけが関係している。例えば，今あなたがこの文章を読んでいるのも何かしらの動機づけによるものかもしれない。動機づけの基本プロセスは図6-6-1に示す4つの要素から構成され，先行要因→動機→表出→結果という直線的な方向で進むことが想定される。

　動機づけの先行要因としては，学習者を取り巻く環境や文脈がある。例えば，信頼関係の築かれた先生の授業という対人的文脈などがこれにあたる。このような先行要因の影響を受けながら，学習者の中で動機が形成され，行動や興味といった様々な形で表出する。動機には主に「感情」と「認知」の2種類があり，前者の例としては「自分で勉強したい」という自律性の欲求が，後者の例としては「この学習はやればできそうだ」という認知である期待などがある。動機が表出した状態が維持されることで，学習に参加し能力

図6-6-1　動機づけの基本プロセス
（上淵・大芦，2019を基に作成）

が高まったり，動機づけが調整され変化したりする。このような結果は，次の動機づけの先行要因や動機として作用することもある。

　実際の動機づけに関する諸理論では，図6-6-1のプロセスを基本としつつも，それぞれの要素に複数の変数を仮定する複雑なモデルが形成されている。諸理論を大別するとすれば，感情系の動機に着目する理論と認知的な動機に着目する理論の2種類が存在する。本稿では紙幅の都合上すべての理論を紹介することはできないが，感情系の動機づけ理論として「自己決定理論」を，認知的な動機づけ理論として「期待－価値理論」を以下に紹介していく。

　なお，補足として，動機づけの分類によく用いられる「内発的動機づけ」と「外発的動機づけ」という区分について確認しておく。「勉強することは楽しい」のように行動自体が目的となるものは内発的動機づけに相当するのに対して，「勉強できないと恥ずかしいから」のように行動と目的を分けることができるものは外発的動機づけに相当する。よくある誤解の1つとして，「内発的動機づけは善で，外発的動機づけは悪」という考え方がある。外発的動機づけとはあくまでも行動と目的が分離しているだけであり，人の行動を強制的に報酬や罰で縛るものではない（上淵・大芦，2019）。また，内発的動機づけであってもその目的がネガティブなものである場合もある（Pekrun，1992）。よって，動機づけを善悪二元論的に解釈することは好ましくないので注意が必要である。

2．自己決定理論

　自己決定理論では，動機として3つの基本的心理欲求，「自律性（自身の行動を自分で決定している感覚）」「有能感（自身の能力や才能を示すことができているという感覚）」「関係性（他者と互いに関与し心理的につながっている感覚）」が満たされているかによって，動機づけの状態に個人差が生じると仮定する。動機づけの状態には，学習活動にどのような価値を見いだしているかによって，主に5つの段階を想定している（図6-6-2）。

図6-6-2　自己決定理論の動機づけの状態

　このうち，「外的調整」とは，「勉強すると〇〇がもらえるし，親から怒られない」のような報酬の獲得や罰の回避，「勉強することは社会のきまり」のような外的な要求に基づく動機づけを表す。その他，消極的ながらその活動の価値を認める「取り入れ的調整」，「勉強は自分の将来にとって重要」のように活動の価値を自分のものとして受け入れる「同一視的調整」など，その自己決定具合によって異なる５つの段階に区分されている。そして最も自己決定的である「内的調整」では，「勉強すること自体が楽しい」のように活動自体が目的となっている。これまでの実証研究を通して，動機づけの状態とその結果としての学業達成には関連があることが明らかになっている（e.g., Taylor et al., 2014）。では，どうすれば学習者の動機づけを高めることができるだろうか。先行研究における答えの１つは，先述した３つの基本的心理欲求が満たされるよう介入するということである。例えば，理科の授業においては，教師がはじめから学習問題や実験方法を示すのではなく，学習者に探究をゆだねることによって，自律性の支援を行うことが有効であると考えられる。

３．期待－価値理論

　期待－価値理論では，動機づけの強さが「期待×価値」の積によって決まると仮定する。このうち，「期待」とは物事が成功しそうかという成功期待であり，「価値」とは課題に対する学習者の価値づけを意味する。価値には複数の種類があり，課題に取り組むこと自体が面白いという「興味価値」，成し遂げることに意義を見いだす「達成価値」，課題をすることが将来役立つと考える「利用価値」などがある。そして，期待と価値はそれぞれ表出と

しての学業パフォーマンスや，結果としての学業達成に影響を及ぼす。ここ
では，自己決定理論と異なり，学習者が活動の価値をどのように認知してい
るかという点に焦点が当てられていることに注意が必要である。また，期待
と価値のそれぞれに影響する多くの複雑な先行要因（e.g., 性差，文化差，
自己概念，情動的記憶）が仮定されている点も，この理論の特徴である。

　自己決定理論にはない当該理論の特徴をもう1つ挙げるとすれば，教科の
学習内容の価値という領域固有性を検討しやすい点であろう。自己決定理論
では，領域に依存しない人間の心理的な欲求が動機として組み込まれていた
ため，理科に限らず学校教育全体を通して自律性を支援していくことが想定
される。一方，期待－価値理論では，理科固有の学習内容の価値を検討し，
指導に反映していくことが想定される。実践例として，Hulleman &
Harackiewicz（2009）は，高等学校理科の授業において，日常生活における
学習内容の有用性を生徒自身に考えさせる実践を行っている。その結果，成
功期待の低い学習者であっても，学業成績が向上することを明らかにしてい
る。このように，学習者の理科の学習内容に対する価値の認知を改善するこ
とで，結果として学業成績を向上させることが期待できる。科学者の専門分
化やテクノロジーの高度な発達により，理科の学習内容が現実社会において
どのような価値をもつのかが分かりづらくなっている現代にあって，学習者
がその価値を認知できるよう教師が積極的に働きかけていく必要があるだろ
う。

参考文献

解良優基・中谷素之（2019）「課題価値のもつ概念的特徴の分析と近年の研
　　　究動向の概観」『南山大学紀要　アカデミア　人文・自然科学編』
　　　17, 95-116.
上淵寿・大芦治（2019）『新・動機づけ研究の最前線』北大路書房.

（中村大輝）

第 7 章

理科の教材研究の視点

Q1 観察・実験器具の整備・自作について述べなさい

1．観察・実験を行ううえでの基盤

　観察・実験は，科学的知識を身につけるうえでも，自然現象とは何か，科学とは何かを実感を伴って知るうえでも，大変重要であることは言うまでもない。科学者の行う研究の世界でも，観察・実験を行うことで，予想や主張が裏付けられ，あるいは検証されて，新たな知見へつながっていく場合は枚挙にいとまがない。生徒が自ら観察・実験をすることを通じて，観察・実験のスキルに習熟するとともに，科学的探究を遂行する力をつけ，科学がどのようにつくられていくのかを知るきっかけにもつなげていくことが望まれる。このような観点からいけば，観察・実験を行う際には，生徒全員が観察・実験を十分に行うことができるにふさわしい環境を整備していかなければならない。具体的には，観察・実験の事故防止に加え，観察・実験を行う時間や，器具の数量の確保，観察・実験を通して得られる結果の精度の把握などに配慮していく必要がある。

2．観察・実験の安全確保

　2017（平成29）年改訂学習指導要領および解説の中では，観察・実験等の指導にあたって，事故防止に留意すること，使用薬品の管理及び廃棄についても適切な措置を取るよう配慮することが強調され，観察・実験を安全に行わせることで，危険を認識し，回避する力を養うことの重要性を述べている。危険があるから観察・実験を行わないようにするのではなく，観察・実験を行う際にどのようにすれば安全を確保できるのかを，教員が十分に留意して準備し，かつ，安全確保の手立てを生徒へ伝え，その手立てを生徒が実践して，自らの身を守る方法を生徒自身が学んでいくことが重要である。

　事故防止に関しては，指導計画の検討，生徒の実態の把握，連絡網の整

備，予備実験と危険要素の検討，点検と安全指導，理科室内の環境整備，服装と保護眼鏡の着用，応急処置と対応，野外観察の場合の留意点などが解説されている。観察・実験を行う際には，白衣や保護眼鏡など，生徒の安全に関わる物品は，その他の器具よりも優先して確保しておかなければならない。そして，生徒が観察・実験等を安全に留意しながら実施する機会を豊富にもつことができるよう，環境整備をしていかなければならない。これは，観察・実験器具の整備を行う場合でも，自作によって器具をそろえる場合でも，常に配慮しなければならないことである。器具を導入する際にも，自作する際にも，生徒に使用させてよいか，生徒にとって安全なものであるか，安全対策として生徒へ何を注意しておくべきかは，最初に確かめるべきである。

3．観察・実験器具の整備

日本では，理科教育振興法に基づき，国が理科教育の振興を図るよう努めるとともに，地方公共団体が理科教育に関する施設又は設備を整備し，およびその充実を図ることによって，理科教育の振興を図るよう奨励することとされている。そして，小学校，中学校又は高等学校における理科教育のための設備は，政令（理科教育のための設備の基準に関する細目を定める省令）で定める基準に達するまでに必要な経費が補助されることとなっている。上記に含まれない教材については，これとは別に，文部科学省が「教材整備指針」を定め，義務教育諸学校に備える教材の例示品目，整備数量の目安が参考資料としてとりまとめられている。この指針に従って，地方公共団体は必要な財政措置をとり，各学校へ各種教材が導入されることになる。これらの法律や政令が，理科の授業に不可欠な観察・実験器具の整備を支えている。

器具を整備する際には，生徒を何名で1グループにするかを検討する必要がある。35名のクラスであれば，3名1組なら12セット，4名1組なら9セット，6名1組なら6セットといったように，1グループの人数を多くすれば，必要な器具は少なくて済む。一方で，観察・実験の時間の中で器具の操作に全く携われない生徒が出てくるようでは，観察・実験スキルを生徒が

習得する機会が失われ，学習の効果が薄れてしまう。

　確保できる観察・実験器具の数と，観察・実験の効果的な実施に適したグループ構成に不整合が生じるときであっても，生徒が観察・実験を遂行できるようにするための様々な工夫は考えられる。時間が許すのであれば，全員が1度は操作ができるようになるまで，観察・実験の時間を長めにとるという手段がありうる。また，例えば光の反射と屈折のように，同じ単元に2種類の実験があり，どちらも経験させたいが器具が少ない，といったような場合は，1つの授業時間を前半と後半に区切り，前半は奇数組が反射の実験，偶数組が屈折の実験を行い，後半は実験器具を入れ替えて，もう一方の実験を行う，といった工夫も可能である。いずれにしても，教員が机間巡視をこまめに行い，安全確保ができるようにすること，各実験グループへ的確に指示が伝わるようにすることが大前提である。

　観察・実験器具は，適切に維持管理されなければ劣化していく。先述の通り，観察・実験器具は法律等によって整備が奨励されてはいるものの，破損したり，修理が必要になったりする場合ももちろんあり，毎年同じ数の器具が同じ状態で稼働できるとは限らない。生徒が使用する器具を事前に点検しておくのは当然であるが，直前に点検するのではなく，器具の修理や追加調達に必要な期間も考慮しておくことが望まれる。

4．観察・実験器具の自作

　観察・実験器具は，自作をする機会も多い。既製品や手近にあるものを用いて，生徒が自然現象の原理や規則性を理解できるようにすることは，観察・実験が生徒にとってより身近に感じられるきっかけにもなり，学校における観察・実験の頻度を増やすことにもつながる。また，学校で行う観察・実験に関しては，予算面から，自作を選択する場合も少なくないだろう。さらに，課題研究等で行う観察・実験については，研究テーマに合わせて専用の器具を製作する必要性に迫られることもある。

　観察・実験器具の自作をする際には，まずは数々の事例に学び，実際に手を動かして製作をしてみることが必要である。自作をするにも，相応のスキ

ルが求められる。特に，刃物を使う場合や，金属・ガラスの切断等が伴う場合は，専用の工具を使用し，安全に作業ができるように環境を整えなければならない。理科実験室に，よく手入れされた工具類を整えることは，自作を進めるうえでも，教員自身の安全を確保するうえでも重要である。

　器具の製作は，試行錯誤を伴う。製作期間には余裕を持ち，生徒が使う器具の数に加えて，いくつか予備を製作することも大事になる。万一，壊れてしまったときや，製作途中で失敗したときなどに，1つ足りないために観察・実験ができなかった，ということがないようにする。

　当然ながら，生徒が使うことを前提に，器具の製作をしていかなければならない。すなわち，生徒が使ったときに危険がないか，よく検討しながら製作をする必要がある。例えば，金属やガラスの切断面がとがっていないか，加熱した際にやけどをする心配はないか，突沸等で内容物が飛び出す危険はないか，電気のショートや漏電の危険はないか，などである。

　器具を製作する際に，見落としがちなのが，サイズと使用法である。使い捨てでない限りは，何年か使えるものになるであろうから，収納する際のサイズを見積もっておく必要がある。また，特定の教員だけ使用法を理解していて，翌年度に別の教員が見たときに使用法がわからない，ということもありうる。メモ程度でも使用法や維持管理の観点を記載して添えておくことや，自作器具を使用した観察・実験プリントを残すことなどをして，自作器具が作り手の意図通りに運用され，生徒に使い続けられるようにしたい。

参考文献・URL

大塚明郎・芦葉浪久編（1978）『文部省特定研究科学教育　実験観察教材教具』東京書籍.

理科及び算数・数学教育のための設備の整備　https://www.mext.go.jp/a_menu/shotou/rikasansuu/index.htm（2020年5月26日閲覧）.

（中村泰輔）

Q2 物理（エネルギー）領域の教材研究について述べなさい

1. 物理教材の研究とは

　教材は，教育における目標を達成するために用いられる素材であり，教科書をはじめとして様々な教具が含まれる。学習を効果的に進め，学習者に学習内容を習得させるために重要な役割を担っている。教材研究では，学習内容を考慮した様々な素材を探して構成を検討し，学習場面を想定した教材の試作とその基礎的評価により構成した教材の機能や実用性を検証する。これらは，教材開発の基礎研究として位置付けられる。そして，実際の授業場面での活用法について検討し，授業実践における教材の効果の評価，改良までのサイクルが教材研究だと言える。

　物理領域の教材研究を行うには，物理のどの内容を，どこまで理解させたいのか，という学習の目的を明確にし，目的に合わせて教材研究の方向性を検討することが重要である。

2. 物理領域における学習の特徴

　物理領域の学習では，様々な物理量や法則の名前や定義だけでなく，その物理的な意味や考え方である物理概念を理解させ，それらの物理概念を全体として整合性のある物理モデルとして確立させる必要がある。さらに，それらが現実世界でどのように機能しているのか，現実世界の問題にどのように活用すべきか，という物理の機能性を学ぶ必要がある。

　一方で，物理の学習において，物理を学習する前から，学習者は日常生活から様々な物理に関係する概念を保持している事が知られている（e.g.,レディッシュ, 2012）。その中には，実際の物理法則とは矛盾している概念も多く，それらは誤概念（素朴概念）と呼ばれている。これらの誤概念は，日常生活での観察に基づき，（不十分ではあるものの）仮説，実験，検証の

（ような）プロセスを通して獲得された概念であり，これらを覆すのは容易なことではない。

3．物理領域における教材の特徴

　自然科学分野に特有な教材として実験教材がある。物理の概念や原理・法則の学習では，実験・観察により物理現象を科学的に探究することが重要な役割を果たす。教材研究を論じるにあたり，様々な視点が存在するが，ここでは特に実験教材について取り扱うこととする。

　物理領域における実験教材として，物理現象に関する実験・観察をどのように提示するかについて，大きく分けて3つの種類（実験，動画，シミュレーション）があり，これらについて特徴を述べる。教材研究では学習の目的に合わせた種類の選択が重要であり，それぞれの種類による得手不得手を把握しておく必要がある。

（1）実験教材について

　物理における実験教材と言えば，実物を用いた実験教材を示すことが多い。この実物を用いた実験教材は，物理現象を実際に目の前で実現させ，それを観察させることができるために，その現実感や臨場感が利点として存在する。先述の誤概念の解消には，自分の予想が誤りであることを自分で気付かせる，認知的葛藤というプロセスが有効であると言われているが，この実物実験による現実感とその説得力が重要な役割を果たすことがある。

　ただし，いくつかの欠点も存在する。例えば目に見えない物理量が関わる現象の場合，その現象を観測可能にする可視化の工夫が必要となる。また，目に見える現象であっても，その現象が非常に短時間，もしくは非常に長時間にわたって生じる場合，通常の授業の中で直接観察することが難しくなる。さらに，授業の中で教員の意図通りの実験結果が確実に実現されるように入念な準備が必要となる場合もある。また，測定誤差の理解は物理学習において重要な内容ではあるが，意図しない測定誤差は授業の目的によってはむしろ教材の効果を下げる場合も存在する。

　これらの実物実験にともなう欠点の多くは教材研究によって解消・軽減す

ることが可能である。特に実験結果の分析に必要以上に時間がかかってしまうという問題に対しては，近年のICTの発展，たとえば各種センサーの使用やPCを用いた分析によって改善する場合がある。

（2）動画教材について

次に動画教材について考える。動画教材は実物を用いた実験を撮影したものであるという点で写真教材の発展形であるとも言える。動画教材は実際の実験を撮影したものではあるが，実物がその場に存在しないことからくる臨場感の無さや，異なる角度からの観察ができないなど，映像に映っていない情報の欠落などの問題がある。さらに生徒実験のように学習者自ら手を動かして実験をさせることができない。

一方で，動画教材ならではの利点も存在する。例えば，繰り返し視聴のしやすさ，スロー再生，早送り再生の活用や，実際には目に見えない情報（物理量や文字情報など）を映像に付加することなどが容易である点である。これらはICTの発展により拡張現実技術など，より有用な表現方法が増えてきている。さらにPCや動画編集ソフトの進化により，それほど高価な機器や特殊な知識が無くても，動画教材を開発する環境が整ってきている。学習者の側でも，インターネットなどで動画を視聴する環境や技術が身近になってきている。また，動画教材には，実験準備や実験装置の維持管理が不要である点や，既存の良質の動画教材を流用しやすい点も利点であると言える。

（3）シミュレーション教材について

最後にシミュレーション教材について考える。シミュレーション教材は実物を扱った教材ではないという点で，イラスト教材の発展形である。動画教材よりもさらに臨場感や現実感が無くなり，特に物理法則に反した現象でも表現可能な方法であるという事実からくる現実感の無さが最大の欠点であると言える。

一方で，シミュレーション教材ならではの利点も存在する。特に，目に見えない物理量を，モデル化して表現することに優れた教材であり，様々なパラメータを変えることによって動画教材では難しい，学習者による試行錯誤が可能になる点が挙げられる。適切に表現された物理モデルを用いて試行錯

誤させることによって，複雑な物理現象を容易に理解させる優れたシミュレーション教材が多く存在する（e.g., 覧具, 2010）。動画教材と同様に，実験装置の維持管理が不要で，既存の良質な教材を流用しやすいという利点もある。さらに近年のICTの発展によって，シミュレーション教材を活用しやすい環境が整いつつある。

4. 最後に

それぞれの種類の教材における，得意な点や不得意な点を踏まえたうえで，目的に合った教材の種類を選択し，教材を研究・開発することが重要である。このような視点によって，これまでに多くの物理教材がいろいろな人や組織によって研究・開発され，教育現場に提供されている。そして，例えば，教育委員会や各地域の組織による教員研修，あるいは各種学会の活動などを通して，物理教材や教材研究技術の普及が行われている。

教材研究は，まずは良い教材を真似してみることが出発点であると言える。そのため，市販されているものも含めて，既存の教材を調査し，それらの適用を検討し，さらに教材開発のサイクルを回すようにするのが重要である。

参考文献・URL

エドワード・F・レディッシュ著，日本物理教育学会監訳（2012）『科学をどう教えるか──アメリカにおける新しい物理教育の実践』丸善出版.

覧具博義「能動的学習を支援するphETシミュレーション教材」『大学の物理教育』第16巻，1号（2010）pp. 34-37.

（梅田貴士）

Q3 化学（粒子）領域の教材研究について述べなさい

1. 化学（粒子）領域における教材研究の考え方

（1）理科における資質・能力の育成を目指した教材研究

　2018（平成30）年改訂高等学校学習指導要領では，育成が目指される資質・能力として「知識及び技能」「思考力，判断力，表現力等」「学びに向かう力，人間性等」の3つの柱（何ができるようになるか）が示されるとともに，「主体的・対話的で深い学び」を通じて学習過程を質的に改善させる（どのように学ぶか）方向性で，全ての教科を通じて整理された。特に理科においては，「理科における見方・考え方」を働かせながら，見通しをもって観察・実験を行うことを通して，自然の事物・現象に関する科学的な理解や探究を深めるとともに，理科を学ぶことの有用性を実感させることが，重視されている。

　このような背景を踏まえると，化学（粒子）領域における教材開発において，以下の3つの視点を念頭に置くことが求められる。

① 　適切な素材を教材・教具として活用する中で，生徒に化学（粒子）概念に関する確かな知識・技能を習得させる（「知識及び技能」の育成に対応）。

② 　問題の認識→課題と仮説の設定→実験の立案と実施→結果と考察といった「探究の過程」を含む学習活動を構築し，自然の事物・現象を科学的に探究する過程を生徒に経験・理解させる（「思考力，判断力，表現力等」の育成に対応）。

③ 　学んだことを人間生活や社会との関わりの中で捉える学習活動を経て，①②で習得した資質・能力をより汎用（はんよう）的な資質・能力へと転化させる（「学びに向かう力，人間性等」の育成に対応）。

（2）学習内容の広がりと深化に対応した教材研究

学習内容について，2009（平成21）年改訂学習指導要領でいわゆる「は

どめ規定」が撤廃され，学習指導要領は学習内容の最低基準として位置づけられた。このことに伴い，教科書や図説等には発展的内容や参考事項が登場し，学校現場の態様に応じた取り扱いが可能になった。2018年改訂高等学校学習指導要領で，化学においては「(5) 化学が果たす役割　(ア) 人間生活の中の化学　①化学が築く未来」が新設され，最先端化学に関する具体的な事例を挙げて化学が科学技術の基盤となっていることを理解させる学習展開が求められている。また，理科の各教科の一部として行われてきた課題研究は，2018年改訂高等学校学習指導要領での共通科目「理数」の設置に伴い「理数探究基礎」及び「理数探究」となったが，生徒の探究的な学習活動をより一層充実させようとする方向性には変わりはない。

　このような背景から，生徒の科学概念の確実な定着を図ったり，科学及び科学技術の発展とその成果を生徒の既有知を踏まえて探究させたりするのにふさわしい素材を発掘し，適切な検討を経て教材とする教材研究は，化学教育研究におけるトレンドの１つである。

（3）教員等の能力伸長の場としての教材研究

　教材研究は児童・生徒・学生の学びを一層伸長させるために行われるのが第一義であるが，教師等が主体的に行う研究活動であることから，教師等の能力伸長の場としての側面も有している。

　生徒に探究活動を行わせるにあたって，指導者となる教師および教員を目指す大学生が探究活動の具体を理解しておかなければならない。教師が理科の授業を展開する中で教育的な課題を見いだし，その課題を解決するための教材開発を進めて，授業の中での実践を通じて教材開発の成果を検証するという教材研究の営みは，教師が自ら「探究の過程」をたどることに他ならない。その中で，現代的な自然科学の新たな知見や研究方法に触れながら，絶えず興味関心をもって探究し続ける姿は，「学び続ける教師像」にも符合する。教員養成の立場からは，教員を目指す大学生に卒業論文研究等として探究の過程をたどらせる中で，教材研究の実際を経験させるとともに，自然科学に対する現代的な理解と研究手法を習得させることが行われている。このように教材研究は，探究の過程を教師や大学生が把握するとともに，「学び

続ける教師像」を体現する場としても機能している。生徒の探究的な学びを展開できるようにするために，高度な専門的知識と実践的指導力を備えた教育者としての成長を支援する教師教育や教員養成の教育活動において，教材研究の重要性が益々高まるであろう。

2．化学（粒子）領域における教材研究の実際

（1）自然科学と社会科学，基礎と応用の側面を持つ教材研究

　化学（粒子）領域を含む理科の教材研究は，理科の学習内容を的確に生徒に学ばせる目的から，その学習内容と教材との関連を自然科学研究，特に基礎研究の立場から明らかにする必要がある。一方で，教材研究を経て開発された教材は生徒が集団生活する学校社会の授業の中で適用されるという観点から，その教材が授業の中での適切な運用性を有しているかを検証しなければならないという，社会科学研究の側面ももっている。また，教材研究は既に明らかにされた学問体系を生徒に習得させる目的で行われる点では応用研究であり，自然の事物・現象に潜む原理を明らかにする基礎研究とは性格の異なる部分もある。基礎研究の成果に立脚して応用研究を進めた結果，実社会に使われて社会の役に立つことが最大の価値判断となるという点からは，学校現場で使われて生徒の学びの伸長を期待して行われる教材研究は，材料やシステムの開発などの工学研究や創薬などの薬学研究などの研究思想とも通じる。つまり理科の教材研究は，学校現場で理科に関する生徒の学びにおいて課題となっていることの解決に端を発し，教材となる素材の挙動を自然科学研究のスタイルと手法に則って明らかにしながら，新たに構成された学習展開が生徒のより深い学びに適っているかを社会科学研究の立場から論じるまでが含まれる。

（2）自然科学における基礎研究としての教材研究の実際

　ある学習内容における教材を開発しようとする際，適切な素材の候補を見いだすことがその出発点となる。教材研究を志す者は，日常生活に関わる化学製品，社会を豊かにしている科学技術とその中に潜む化学に関する話題，そして化学史における歴史的発見などに対して，あらゆる角度から教材とし

ての可能性の視点をもって眺めることが肝要である。

　素材となる候補が選択されたら，次にそれらが示す化学的挙動を解き明かすことになる。例えば，物質変換に関する教材を開発しようとしているのであれば，期待したとおりの反応挙動を実際にしているかを機器分析などの手段によって必ず明らかにしておかなければならない。物質の定量に関する教材であれば，分析方法の原理を理解するとともに，適正な定量結果が得られることを複数の分析手法によって確認しておくことが必要である。このような理論的および実験的な検証は自然科学における基礎研究の性格を帯びるが，科学的な証拠に基づいた教材を開発するうえで，教材研究といえども軽視できない過程である。

（3）応用研究および社会科学研究としての教材研究の実際

　素材の化学挙動を専門的に明らかにした後，生徒が実際に実験や探究を行うことを念頭に，実験活動や学習展開が具体化される。教育現場では研究機関で実施される精密実験や機器分析等は実施できないので，科学的な信頼性を損なわないようにそれらを代替させるとともに，生徒の実験技能や科学的思考力を育むことを期待して，実験活動で使われる教具やプロトコルの開発が行われる。グラムスケールを取り扱う化学実験をスモールスケールにして，試薬の危険性や廃液量を低減しながらも化学の学習内容を大きく損なうことなく，全員が実験に参加できるようにする試みが行われている。また，化学センサとマイコンを組み合わせて簡易計測装置を作製することで，高価な分析装置を代替させ，安価かつ平易にデータ収集することも行われている。

　学習展開の具体化にあたっては，生徒に何をどのように学ばせるかを意識したうえで，効果的な流れを構成する。学習内容の確実な定着を図るコンテンツ基盤型の学習活動では，教材は単元目標の習得を直接的に目指すように活用される（1．(1) ①に対応）。一方で，これからの社会を生き抜くうえで必要とされるあらゆる知識・理解・技能・態度等の育成を目指すコンピテンス基盤型の学習活動では，課題を見いだしてその解決を図る中で探究の過程をたどらせる問題解決型学習（PBL：Problem-Based Learning）（1．(1) ②に対応）や，自然の事物・現象や日常生活との関連で学習内容を再構成する文

脈基盤型学習（CBL：Context-Based Learning）（１．（１）③に対応）などの学習展開の中で教材が活用され，生徒の汎用的スキルの獲得が目指される。

こうして開発された教材と学習展開の有用性は，教育実践を通じて，教育現場への適用性や生徒の理解・意欲の変容などの点から評価される。こうして開発された教材は，科学的内容と教育的配慮が保証された教育資産として，広く活用されることが期待される。

３．化学（粒子）領域における教材研究の実例

化学（粒子）領域における教材研究は数多く報告されているが，ここでは，筆者らの研究実例を紹介する。この実例では，いくつかの素材候補に対する基礎研究を経て教材となる素材を絞った後，生徒に探究の過程をたどらせる学習展開を構成して教育実践に供し，その教育効果が詳細に検討されており，上述した教材研究の全体が網羅されている。同時に，本研究を主導した大学院生には，教員養成での教材研究の具体を学ぶ教材ともなった。

高等学校化学「有機化合物」の単元では，有機化合物の性質や反応に関する知識を理解するとともに，観察・実験などに関する技能を身に付け，探究の成果を表現することが求められる。そのような単元目標に即した具体的な教材として，ヒドロキシ酸を対象とする「有機化合物の識別実験」が報告されている。ヒドロキシ酸は，果実の酸味成分や食品添加物として日常生活に深く関係する有機化合物であることに加え，アルコールとカルボン酸の両方の化学的内容を取り込んだ総合的な実験活動を展開できる素材となり得る。乳酸・リンゴ酸・酒石酸・クエン酸の４種類のヒドロキシ酸を識別対象とすると，乳酸のみがヨードホルム反応を示すこと，酒石酸が酸化されて生じるシュウ酸がさらに二酸化炭素まで分解されて気体発生が観察されること，第３級アルコールであるクエン酸は酸化されにくいこと，の３つの実験結果から，それらの識別を容易に達成することができる。この教材を活用した学習展開は，①【導入】ヒドロキシ酸の構造や反応性を振り返る→②【仮説の設定】ヨードホルム反応と酸化反応に対してヒドロキシ酸が示す結果を予想し，反応性の違いから識別の方法を立案する→③【展開】生徒が自ら立案し

た方法に沿って，実験を実施する→④【終結】識別した結果をその思考過程とともに発表させる，の順で構成される。教育実践や教員研修の中でその教育効果が検討された結果，多くの生徒が正答を導けるとともに，判断理由を論理的に説明できることが明らかとされた。この学習展開には，①生徒は有機化合物を識別するという明確な目的意識をもって探究活動に取り組める，②識別の目的を達するための分析法を立案する際に，生徒は有機化学や関連事項に関する知識・技能を総動員して科学的思考を巡らす必要性に迫られる，③生徒は識別の過程を論理的に解釈して結論を導出し，その過程を論理的に表現する活動を行う，④自らの方法で正答を導けたことで，化学に対する自己有能感と興味・関心を高める効果が促進される，など探究活動に求められる要素がいくつも含まれている。有機化学分野における教材および学習展開の一例として，今後の更なる活用が望まれる。

参考文献

網本貴一・遠藤大介（2014）「高等学校化学の知識・理解を総合的に活用するヒドロキシ酸の識別実験」『科学教育研究』38（4），220-227.

古賀信吉・網本貴一（2020）「第7章　化学教材の開発と学習指導」磯崎哲夫編著『教師教育講座　第15巻　中等理科教育（改訂版）』協同出版，219-249.

（網本貴一）

Q4　生物（生命）領域の教材研究について述べなさい

1．自然科学における生物（生命）領域の特徴

　自然科学における生物（生命）領域の歴史は古く，古代ギリシアのアリストテレスの時代にさかのぼる。アリストテレス以降，ロバート・フックの細胞の発見やカール・フォン・リンネによる生物分類法の確立など学問的に重要な知見が蓄積されたが，当時生物は不変の存在と考えられており，生物（生命）領域はまだ博物学の一領域に過ぎなかった。生物（生命）領域の研究が「生物学」として確立されたのは，1859年チャールズ・ダーウィンが『種の起源』で進化論を提唱してからである。進化論は，生物は不変ではなく時間とともに変化していくという考え方である。ダーウィンは主に生物の解剖学的形質に着目して進化論を提唱したが，現在では生物にみられる多様な生理学的性質や行動なども進化の結果生じてきたことが分かってきた。このことから，生物（生命）領域が扱う全ての生命現象の理解には進化的視点が不可欠であるといえる。進化的視点をもつということは，時間軸を意識することである。現在地球上にみられる多種多様な生物は，約38億年前の生命誕生以来，一度も途切れたことのない遺伝的つながりの延長線上に存在する。生物は，その時間軸に沿って様々に変化してきた存在と捉えることができる。

　生物は階層的に捉えることができる。ここではヒトの個体を中心にして生物の階層性を考えてみよう（詳しくは馬渡（2006）を参照されたい）。ヒト個体の身体は脳，胃，肺，皮ふなどの器官から構成されている。それぞれの器官は組織からなる。例えば脳は神経組織からなり，皮ふは表皮組織や皮下組織からなるといった具合である。各組織は細胞からなる。例えば神経組織は神経細胞，表皮組織は表皮細胞からなる。細胞にはミトコンドリアやゴルジ体などの細胞小器官や核が含まれる。細胞小器官はタンパク質を中心とした高分子化合物からなり，核にはヒストンと呼ばれるタンパク質に巻きつい

た核酸（DNA）が含まれる。さらに階層を下っていくと分子になり，分子をさらに分割すると原子に行きつくが，ここまで来ると化学領域だろう。今度は個体から上の階層をみていこう。生物は1個体のみで生きているわけではなく，多数個体が集まっている。この個体の集合を個体群と呼ぶ。個体群が集まって種が形成される。ある地域にみられる生物種の個体群のまとまりを生物群集と呼び，生物群集とそれを取り巻く非生物環境とのまとまりが生態系である。生態系はその環境や構成生物によって森林生態系，河川生態系，海洋生態系などに分けることができ，これらがすべて集まって地球環境が形成される。このように生物を階層的にみていくと，階層を下りた先では非生物領域に入り，逆に生態系以上の上位階級では非生物環境と融合する。生物（生命）領域で扱われる内容については，生物と非生物との境界は必ずしも明瞭ではないことに留意されたい。

　生物（生命）領域では上述の階層が異なると，それを扱う学問分野が異なる。例えば，細胞レベルの内容を扱うのは細胞生物学であり，DNAレベルでは分子生物学，生物群集や生態系レベルの内容は生態学が担う。このように生物（生命）領域は扱う階層や目指す方向性の違いにより様々に細分化されている。

2．生物（生命）領域の教材研究

　教材研究は，その目的により大きく2つに分けることができるだろう。すなわち，教師が教授内容を把握したり，自身の知識を更新することを目的として行う教材研究と，学習者に興味をもたせたり，理解を助けたり，科学的思考力を身に付けるための教材開発を目的とした教材研究である。

（1）教師が教授内容を把握するために行う教材研究
　教師が教授内容を把握するために行う教材研究として，まず考えられるのは教科書研究である。生物（生命）領域はミクロからマクロまで幅広い知識的内容を含むが，平成20・21年改訂の学習指導要領以降ではいわゆる「はどめ規定」が原則削除されていることから，文部科学省（以下，文科省）検定済教科書で取り扱われる内容は出版社により多少とも異なる。そこで複数の

出版社の教科書を比較し，扱われている内容を俯瞰することが重要である。必要に応じて専門書を参照しつつ，教科書に記述されているレベル以上の知識も習得するように努めたい。生命現象をより深く理解するために，なぜ，どのようにしてその現象が生じたのか（獲得されたのか）という進化的視点をもちながら教材研究を行うことが重要である。生物（生命）領域については多くの優れた教科書（文科省検定済教科書以外）が出版されているが，ここでは内容の詳しさと解説の分かりやすさ，そして豊富な図版が掲載されていることから『キャンベル生物学』をお勧めしたい。

　生物（生命）領域における知識的内容は，学問的発展にともない日進月歩で更新されている。例えば最近，生物多様性という言葉をよく耳にするようになったが，地球上にはどれくらいの生物種が存在するかご存じだろうか。現在，命名されている生物は約125万種とされている。しかし，実際には地球上の生物は870万種にのぼると予想されている。このことは，名前のつけられていない未発見の種がまだ多く存在することを示している。つまり，私たちは生物の「種」1つとっても全容は把握できておらず，毎日のように新種や種間の進化的関係に関する新知見が報告されているのである。年々進歩する科学技術による理化学機器の高性能化や解析技術の向上により，知識的内容の更新スピードは今後ますます加速するだろう。特に遺伝子関係の内容は，科学的研究の進展にともなって今後も新知見が盛り込まれたり，従来の教科書の記載内容が修正されていくことが予想される。新たにもたらされる学問的発展の成果を自分の知識として取り入れ，授業に反映するために最新の研究情報も積極的にリサーチするようにしたい。

（2）教材開発を目的とした教材研究

　生物（生命）領域の学習教材については，これまでに多くの研究・実践例が知られている。教材開発を始めるにあたり，まずは先行研究を徹底的に調査し，これまでの知見を整理することが重要である。この先行研究に基づき，自分が目的とする教材の考案に必要な基礎的な情報を整理し，改変すべき点等を明らかにする。先行研究の主な調査対象としては，国内外の理科教育関係の学会誌や大学等の研究紀要が考えられる。

　先行研究の調査に引き続き，開発を目指す教材についての素材の探査を行う。学校のまわりなどの身近な自然は，生物（生命）領域の教材開発に活用できる素材の宝庫である。町中の学校であっても構内には様々な樹木や草等の植物がみられるだろうし，そのような植物がある場所にはバッタやコオロギの仲間等の昆虫が生息している。池があれば，必ずと言ってよいほど藻類やミジンコ，水生ミミズなどの水中の小型生物がみられる。落葉や堆肥置き場も生物を集めるのに格好の場所である。ここにはミミズやゴミムシ，ケラ等の動物が多くみられるだろう。学校内にビオトープを設置することで，観察できる生物種の多様性は格段に上がるだろう。生物に限らず，日常生活で使われる食品や文房具等も素材となる可能性がある。素材については科学的知見が十分に得られていない場合も多いため，必要に応じて自分自身で観察・実験を行い，データを収集する。特に野外に出て生物の行動や生息状況を調査する観察・実験教材の場合，地域や季節等によって条件が異なるため，地域ごとにそれぞれの素材の生物学的特性を慎重に検討する必要がある。

　このようにして用意された素材を用いて，具体的な教材化を検討する。ここでは，教材開発の目的に沿うように学習内容や学習段階，学習場面等を具体的に設定する。教材開発にあたっては，生物や生命現象を分かりやすく提示することはもちろんのこと，何を学ぶのかという学習目的を明確にすることが重要である。つまり，生命現象に興味をもたせたり高めたりすることを目的とするのか，内容の理解を助けることを目的とするのか，仮説を立てて結果を検証するといった科学的思考力を養うことを目的とするのか等である。作成した教材については授業実践等により期待される学習効果が得られたか評価する。

参考文献

池内昌彦ほか監修，翻訳（2018）『キャンベル生物学原書11版』丸善出版.
馬渡峻輔（2006）『図説生物学30講　動物編2　動物分類学30講』朝倉書店.

　　　　　　　　　　　　　　　　　　　　　　　　　　　（富川　光）

Q5 地学（地球）領域の教材研究について述べなさい

1．地学の学習の特徴

　地学は，身の周りの自然現象を対象とする科目であり，天文・気象・海洋・地球物理・地質・岩石・鉱物・古生物などの様々な内容を含む。それぞれの分野は学問分野として確立され，より専門的な研究が行われているが，地学として学習する内容は，各学問分野の中から日常生活に関係の深い，備えておくべき最低限の知識の範囲となっている。また地学で学習する内容は，地震や土砂災害など自然災害の発生に関わる部分も多く含まれ，安全で快適な生活を送る上で必要な知識と重なるところが多い。

（1）物事の捉え方の違い

　小学校高学年から中学生くらいになると，理系的な捉え方・考え方を好む生徒と，文系的な捉え方・考え方を好む生徒に分かれてくる。理系的な捉え方を好む生徒は，数字や客観的事実を重視する傾向にあり，答えが計算によってきちんと導き出されることに興味がある。これに対し，文系的な捉え方を好む生徒は，表現の多彩さや巧みさを用いて，具体的なイメージを描き出したり，微妙なニュアンスの違いとして表現することを重視し，数式や記号などを用いた抽象的な計算を苦手とする傾向にある。

　教員免許状の関係から，理科の免許を持つ教員は理科大好き人間なので，地学を教える際にも地球科学的な様々な自然現象について，物理法則や化学式などを積極的に用い，客観的な事実を重視して科学的に教えたい，と考える。ところが地学を教わる側の生徒は，多くの場合，国公立志望の文系受験生で，数学や物理，化学は苦手だけれど，受験科目として理科が必要なので地学を選択している，というケースが多い。

　そこで何が起こるかと言うと，理系的な考え方を好む教員が，積極的に数字や客観的事実を重視した説明を行えば行うほど，文系的な捉え方を好む生

徒には，難解でつまらない内容となり，テストの点数が悪く，成績も上がらないため，最終的な落としどころとして，とりあえず答えを暗記しておくように，ということで地学は暗記科目として扱われているように思われる。

　文系的な捉え方を好む生徒は，表やグラフから傾向を捉えることを苦手とする反面，なぜ，そのような調査を行う必要があったのか，という当時の時代背景や，誰がどのような苦労をして，その情報を得たのか，という現在の知識が体系化されるに至ったストーリーには興味を示すことが多い。そのため，情報を事実としてではなく，時間の経過を伴った動きとして示したり，知識が体系化されるに至ったストーリーとともに紹介したりすることで，理解が深まる傾向にある。

（2）長い時間や広い空間の理解

　地学の特徴は，「地球や，地球を取り巻く環境の特徴は，長大な時間の流れや広大な空間の広がりの中で，多様な事物・現象が相互に関連しながら複雑に変化し続けていることである。」（文部科学省，2018）とあるように，第1分野系の物理や化学と異なり，誰も見たことのない過去の世界や，見ることのできない遠い宇宙の果て，などが学習の対象として含まれることである。このように計算や法則からは求めることのできない自然現象を理解するためには，豊かな想像力や，自らの様々な自然体験などが必要とされ，そのことが逆に，文系的な捉え方を好む生徒がとっつきやすい科目となっている理由かもしれない。

　また，戦国大名・武田信玄の旗指物に記されていたことで有名な風林火山の中にある「動かざること山の如し」は，まさに人間の感覚を象徴している。地学的な見方からすれば，山は何かしら下から持ち上げようとする力が働くことによって，現在の高さを一時的に保っているだけで，隆起を止めたとたん，あっという間に雨風により侵食され，なくなってしまう。日本各地で人間の生活を支える場所として利用されている平野は，沖積平野とも呼ばれ，約1万8千年前に最終氷期が終わって以降，堆積した土砂によって形成されたものである。このことは我々が永遠の地面だと思っている土地は，山が侵食されることによって生み出された土砂が，河川の氾濫によって運ばれ

て堆積したもので，地球の長い歴史からするとごく最近になって形成された場所であり，海水準の変動によって容易に変化しうることを示している。

２．教材開発に取り組む際に念頭に置いて欲しいこと

地球科学領域の教材の作成・開発にあたっては，一からすべてを自分で行おうとは考えず，まずは論文やインターネットなどを検索し，偉大な先人が考案したものが既にないかどうか調べてみよう。ちょうどよい教材が開発されている場合には，敬意を表しつつありがたく使い，もし改善・改良点など思いついた場合にはフィードバックとして開発者に連絡してあげよう。探したうえで，どうしても自分の授業構成で必要とする教材がない場合は，教材開発に乗り出す必要があるが，その場合でも"誰が""どこまで""何を"やっているか，事前に調べておくことで，自分が開発した教材を公表する際に，必要性などの位置付けがやりやすくなる。

教材開発を行う際，大事なのは学習者が必ずしも教員と同様の知識や前提条件をもっている訳ではないこと，あるいは教員が考えている以上に広がった誤概念をもっている可能性があることを念頭に置いておくことである。以前，天文の学習において，年周視差の説明で，１度の1/3600という意味で"秒"という単位を用いたところ，１度未満の角度を60進数に基づき分や秒という形で示す，ということは高校までの学習内容にはない内容なので，「なぜいきなり時間の単位が出てくるのか？」と学生を混乱させてしまったことがある。また，誤概念という点では，いろいろな形をした月があり，今晩はその中から三日月が登場している，と考えているケースもあり，「お月様は１つしかありません」というような，当たり前と思っていることもきちんと前提として示すことで，学習のつまずきを解消できる場合もある。

さらに当時は正しく理解していたはずなのに，その後の生活によって概念が変容するケースもある。例えば"雲の発生"については中学校の第２学年で学習しているにもかかわらず，「雲の正体は何か？」という問いに対し，大学生や社会人を含めてかなりの確率で"水蒸気"という答えが返ってくる。中学２年で学習した内容が，時がたつにつれて忘れられ，風呂場で日常

的に見られる，もわっとした湯気と湿度の高い状態から，雲＝水蒸気という漠然とした考えにすり替わってしまったと想像される。このような場合にはまず，「水蒸気は目に見えない気体なので，白く見えている雲は水蒸気ではありません」というところから説明を始める必要がある。

（1）現象を細分化する

地球科学的な現象には，見かけは単純に見えても，そのメカニズムを正しく理解するためには，多くの既習事項を連携させ，関連づける必要がある場面も多い。このような現象を説明するためには，生徒の既習事項に合わせて，現象を細分化し，それぞれについて正しく理解できているかどうか確認することが有効である。

先ほど述べた"雲の発生"を例に挙げると，状況としては"上昇気流により雲が発生する"わけであるが，これを細かく分けていくと，

　① 　太陽の日射により地面が暖まる

　② 　暖まった地面から，空気に熱が伝わる

　③ 　暖まった空気は膨張する

　④ 　膨張した空気は，密度低下により浮力を得る

　⑤ 　空気の重さとして表現される気圧は上空ほど低い

　⑥ 　上昇した空気は，気圧の低下に伴って膨張する

　⑦ 　膨張した空気の温度は低下する

　⑧ 　空気中に含むことのできる飽和水蒸気の量には，温度依存性がある

　⑨ 　温度が低下して露点に達した空気からは，水が凝縮する。

と，かなり細分化することができる。そうすることで，それぞれ物理分野や化学分野なども含め，小学校からのさまざまな既習事項と照らし合わせることができるようになる。このようにして，"雲の発生"の理解につまずきがあるとするなら，何がわからなくて，どこでつまずいているのか，確認することが大事である。

（2）ICTの活用

前述のように理科を苦手と感じる生徒の中には，図やグラフの読み取りが苦手とする生徒が多い。地学的な事象を説明する図中には，たいてい発生し

ている現象と，それに伴う時間の経過が同じように含まれていることが原因の１つとして想定される。その典型例として図7-5-1（上段）に示すのは，地球内部が固体と液体の二層構造になっていた場合，その境界で地震波が屈折するため，シャドーゾーンと呼ばれる地震波の届かない地域が発生する，というものである。理系的な捉え方・考え方を好む生徒であれば，図の左下を震源とした場合の，地震波がどのような伝わり方をするかを示した図として時間の経過も含めた形で捉えることができるが，そうでない人間にとっては，何を意味しているのかわからない図となる。

　そのような場面では，ICTを活用した教材の開発・利用などが有効と考えられる。図7-5-1（下段）に示すようなアニメーションとして，地震波がどのように伝わっていくか，時間の経過とともに変化する図として一旦示すことで，初めて上段の図が理解できるようになる。

　地学（地球）領域の学習内容の中で，最も理解が難しいとされるのは，自然現象として３次元空間に広がる現象の理解である。鉱物の結晶構造をはじめ，地質の分野では，立体的な地形とそこに現れる地層や岩石の分布などはまだ動きがないのでなんとか理解できたとして，気象の分野の天気図に現れる暖気と寒気の境界面である前線面の立体構造や，宇宙の分野における太陽と月・地球の位置関係などは，時間の経過とともに変化していく様子の理解が求められるため，教材開発においても工夫が必要となる。

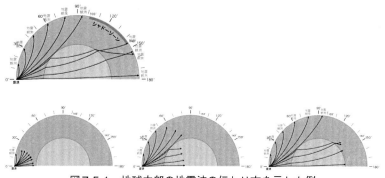

図7-5-1　地球内部の地震波の伝わり方を示した例

参考文献・URL

文部科学省（2019）『高等学校学習指導要領（平成30年告示）解説　理科
　　　編　理数編』実教出版.

Webで地学　http://1604-016.a.hiroshima-u.ac.jp/.

（吉冨健一）

Q6　地域性を生かした教材開発について述べなさい

1．地域における自然環境情報の共有化

　理科教師が地域の実態に即した理科教材を開発しようとすると，情報収集に労力を費やすことがある。とりわけ，「生命」，「地球」についてみると，第1学年では，生物の観察に適した動植物，地層の観察を行う露頭など，身近な自然環境に関する情報が必須となる。あわせて，安全に関する情報，アクセスのしやすさの情報が不可欠である。しかも，動植物や岩石の収集に関する保全義務遵守の観点から，条例などの多種多様な情報が必要となる。これらの情報を基にして，理科教師は地域性を活かした教材を開発する。

　ところで，昭和20年代の中学校理科教科書には，記述内容自体に地域性が前面に押し出されていた。例えば，「水」の単元をみると，不凍給水栓のしくみをイラスト入りで詳細に記した寒冷地の教科書，使用水量が非常に大きく，良質な水を十分に使用するためには，井戸水では間に合わないと節水に言及した都市部の教科書，湯の花が家庭の風呂に使われると紹介した温泉の多い地域の教科書等々，地域色豊かな教科書が見られたのである。

　現在では，教科書レベルでの地域性の反映は少なくなっている。地域の実態に即した自然環境に関する情報は，熟達教師によって蓄積されていることが多い。このノウハウは，熟達教師から新任教師に向けて，授業の合間の助言，研究会における情報交換，書籍などの記録等々を通して，伝達されてきた。現在，教育センターなどを中心にデータベースが作成されており，このツールを活用することも可能である。

2．社会に開かれた理科教材の開発

　上述の地域性を活かした教材開発は，主として理科教師個人によるものであった。教材研究はこれからも，教師の専門性の基礎をなすものである。加

えて，地域性を活かす教材開発にはより広範な力量が求められることになる
だろう。2017（平成29）年改訂学習指導要領の前文には，「社会に開かれた
教育課程」が示された。その中には，教育課程の実施に当たって，地域の人
的・物的資源を活用したり，放課後や土曜日等を活用した社会教育との連携を
図ったりし，学校教育を学校内に閉じずに，その目指すところを社会と共有・
連携しながら実現させるとされた。その実現に向けたカリキュラム・マネジメ
ントが求められている。カリキュラム・マネジメントでは，子どもや学校，地
域の実態を適切に把握し，教育の目的や目標の実現に必要な教育の内容等を
教科等横断的な視点で組み立てていくこと，教育課程の実施状況を評価して
その改善を図っていくこと，教育課程の実施に必要な人的または物的な体制
を確保するとともにその改善を図っていくことになる。つまり，理科教師に
は，教材研究の力量を深めつつ，地域の人的・物的資源の情報を集めて，カリ
キュラム・マネジメントに位置づけることまでが求められているのである。

3．地域の博物館や科学学習センターの連携

　1998（平成10）年改訂中学校学習指導要領に記述された，理科における
図書館，博物館の活用は，2008（平成20）年改訂中学校学習指導要領にな
ると，博物館や科学学習センターなどと連携する記述内容となり，その記述
内容は2017（平成29）年改訂中学校学習指導要領においても継続された。
生徒の実感を伴った理解が一層求められる現在，学校外の教育施設の活用は
必要不可欠になっている。実際，地域の博物館・科学学習センターでは学習
指導要領に対応した学習指導案やワークシートなどを準備して，ホームペー
ジなどで公開しているところがある。平成30年度全国学力・学習状況調査
（学校質問紙）結果によれば，地域の人材を外部講師として招聘した授業を
行ったり，博物館や科学館，図書館を利用した授業を行ったりした中学校の
割合は，平成20年度から平成30年度にかけて増加している傾向にあるとい
う。しかし，学校外の教育施設の活用には教育施設の訪問を要することが多
く，教育実践上，この訪問が制約条件となることもあった。その制約を緩和
する手立てとなるのが，先述のカリキュラム・マネジメントである。

４．企業の社会貢献活動との連携

　社会に開かれた教育課程の理念の下では，地域性を活かすだけでなく，地域に活かされる教材開発の視点が重要である。博物館や科学学習センターのみならず，企業の社会貢献活動との連携も近年では増加傾向にある。東北大学の調査によれば，地域社会の維持・発展に貢献したい企業側の要望は続伸しており，教育関係が連続して分野別支出のトップとなっている。社会貢献は，教材の作成，講師の学校への派遣，企業施設見学の受け入れなど，様々な形で実施されている。

　平成31年度（令和元年度）全国学力・学習状況調査（学校質問紙）結果によれば，学校支援地域本部などの学校支援ボランティアの仕組みにより，保護者や地域の人が学校における教育活動や様々な活動に参加してくれると回答している学校の割合は増えているという。また，約９割の学校が保護者や地域の人の学校支援ボランティア活動は，学校の教育水準の向上に効果があったと回答している。今後は，企業の社会貢献活動の一環として，教材の作成，講師の学校への派遣が充実することになるだろう。一方で，保護者や地域の人が学校における教育活動に参加するようになり，教育水準の向上に寄与するのであれば，企業が地域の人々を講師（メンター）として養成して，地域社会全体で学校を支援するようにもなっている。

　以下は，筆者がアドバイザーとして関わっている静岡県静岡市における企業の社会貢献活動との連携事例である。小型産業用ロボットメーカーの株式会社アイエイアイは，ミニロボ事業推進室を立ち上げて，県内の小中学校を対象にして，非営利で同社オリジナルのプログラミング教材を作り，授業実践を行っている。プログラミング教材は専門性が高く，授業中に子どもに助言したり，不具合に教師１人で対応したりすることが困難であった。そこで同社ではものづくりの盛んな地域という背景もあって，元製造業等の人々を各学校でメンターとして養成して，授業支援を充実させていく構想を描いている。この構想が実現すれば，文字通り，地域に活かされる教材開発が可能になるであろう（図7-6-1）。

図7-6-1　企業による学校教育支援のための地域人材（メンター）養成
（株式会社アイエイアイ提供）

5．超スマート社会における地域性

　これから到来するといわれている，Society5.0（超スマート社会）における学校ver.3.0（個別最適化された学び）の世界では，地域・家庭・情報ネットワークの中で学びが展開されることになる。実社会との複層的なつながりの中で，高速・大容量，低遅延，多数接続の通信技術下で，他地域の生徒との学び合いができるようになる。理科教師が地域の自然環境を活かしたり，地域にある教育施設を活用したり訪問したりしなくても，地域における課題解決型の学びを，地域にいない生徒や専門家と一緒に展開することが技術的に可能となる。一方で，地域性を活かした理科教材の強みである直接体験や地域に根ざすがゆえに生じていた課題の切実さと当事者性をどのように確保するか，さらなる検討が必要である。

参考文献

国立教育政策研究所（2018）『平成30年度全国学力・学習状況調査質問紙調査報告書』．

国立教育政策研究所（2019）『平成31年度（令和元年度）全国学力・学習状況調査質問紙調査報告書』．

東北大学大学院教育学研究科教育行政学研究室（2016）『「企業による教育CSRの実施に関する企業調査」調査報告書』．

（郡司賀透）

Q7 生徒の視点に立った教材研究について述べなさい

　授業で生徒は，教師の説明や指示により学ぶとともに，教師の用意した教材からも学ぶこととなるため，教師が生徒の学習を促進させる教材を準備する教材研究は重要である。

1．生徒の視点に立った教材研究の方法

　教材研究とは，より価値や効果がある教材を開発することである。理科の授業では観察や実験が重要であるため，教材研究という用語は，自然現象や動植物の研究，実験教材の開発，実験方法の工夫など観察と実験に関連する教材の授業前の検討の意味で使われる場合がある。しかし生徒の視点に立って教材の価値と効果を考えた場合には，教材研究はあらゆる教材を対象として，授業前の教材の検討だけではなく，実際に学習者にとって価値があり効果があるかを検討する授業での教材の評価が必要となる。授業を通して教材を研究することは，授業を通した研究であることから授業研究とも呼ばれ，授業研究では教材が研究対象の1つである（畑中，2018）。教材研究には，授業者自身による研究と，他者との協同による研究がある。教材を用いて授業を実践し評価を含む授業を通した教材の研究を行う場合には，次に示すように教材のねらいと教材の評価方法を明確にすることが重要である。

2．授業を通して教材を研究する方法

　授業を通した教材の研究では，教材研究の方向性を明確にし，他者と教材研究の方向性を共有し研究を行うために，教材研究のねらいと評価方法を明確にしておくことが必要不可欠である。

（1）学力の3要素を考慮した教材研究のねらい

　学習指導要領で示される学力の3要素「知識及び技能」，「思考力，判断力，表現力等」，「学びに向かう力，人間性等」を踏まえると，次のような教

材研究のねらいを設定することができる。

①　知識と技能の習得に結び付く教材であるか

　科学の理論，原理や法則など個々の科学的概念が習得できる教材であるか，科学についての理解が進む教材であるか，観察や実験に関連して探究の方法に関連する技能が身に付く教材であるかなどの知識と技能の習得に結び付く教材であるかを教材研究のねらいにできる。

②　思考力，判断力，表現力等を養う教材であるか

　理科の見方である自然の事物・現象を，質的・量的な関係，多様性と共通性，時間的・空間的な関係などの科学的な視点で捉えることに結び付く教材であるか，理科の考え方である科学的に探究する際に比較したり，関係付けたりするなどの考え方を養う教材であるか，災害，環境，エネルギー，科学技術などに関連する教材では，価値的な考え方や倫理的な考え方を養う教材であるかなどを教材研究のねらいにできる。また，学んだことや調べたことをまとめて発表する力が身に付くか，ものづくりを通して生徒の創意や工夫が生かせるかも，教材研究のねらいにできる。

③　学びに向かう力や人間性などを涵養する教材であるか

　生徒が興味をもち主体的に学習や科学的な探究に取り組むことや，生命の尊重，自然環境の保全に寄与する態度が養われるなど，生徒の関心，意欲，態度への影響を教材研究のねらいにできる。

（2）探究の過程に位置付けた教材研究のねらい

　探究的な学習の中で実験や観察に用いる教材が使われることを考慮すると，『高等学校学習指導要領（平成30年告示）解説　理科編　理数編』で示される自然の事物・現象への気付きから課題を設定する「課題の把握」，仮説を設定し検証計画を立案し，観察，実験などを実施し結果を処理する「課題の追究」，考察したり推論したりしたことを表現する「課題の解決」という探究の学習の過程との対応で教材研究のねらいを設定することができる。

①　課題を見いだす教材

　「課題の把握」をして探究的な学習に取り組ませるためには，生徒を動機付け探究に積極的に取り組ませる教材が効果的である。日常生活や体

験，前時の学習と関連する教材，疑問をもたせる教材の提示や演示実験により，生徒に疑問をもたせ何を調べるかを考えさせる課題の把握に結び付ける教材が望ましい。例えば，光の反射や屈折の現象，２種類の異なる電球で作った直列回路で電球の明るさが違う現象などの教材が，生徒に疑問をもたせ学習課題に結び付くかの検討を教材研究のねらいにできる。

② 仮説の設定，検証計画の立案，探究の方法の習得に結び付く教材

　探究の過程の「課題の追究」の過程では，仮説を設定したり，観察や実験の方法を計画できる教材が探究の方法の習得のためにも重要である。生徒にこれまでの経験や実験結果に基づいて実験で検証しようとする仮説を立てさせ，測定精度や条件コントロールなども考慮し仮説を検証するための実験計画を立てさせることができる教材が望ましい。また，観察や実験を行う際には，操作や測定の技能，グラフ化や分類などのデータ処理の技能を身に付けることができて，結果をもとに推論したりモデル形成に結び付く教材が望ましいため，これらの観点を教材研究のねらいにできる。

③ 科学的概念の構築に結び付く教材

　考察したり推論したりしたことを表現する「課題の解決」の過程では，探究的な学習が科学的な概念に結び付く教材であることが重要になる。理科における「深い学び」の重視を踏まえると，実験結果を既習の知識と結び付けて科学的な概念の構築につながる教材であることが重要になる。理科における「対話的な学び」の重視を踏まえると，実験結果を踏まえた発表ができる教材や生徒間の話し合いが行われる教材が重要であるため，これらの観点を教材研究のねらいにできる。

（３）教材の評価の方法

教材は，観察による評価，パフォーマンスの評価，教材活用の視点から評価できる。

① 観察による評価

　観察による評価では，観察対象を生徒全体，小集団の生徒，個々の生徒の観察のうちどれにするか，観察者は授業者自身で行うか他者による観察とするか，授業時に観察だけにするか録画や録音し詳しい分析を行うか，

観察は，生徒の様子，発言，会話，操作などから何に焦点をあてて行うかなど，教材研究のねらいに対応し観察方法を決める必要がある。観察による評価は，授業の流れに影響を与えない形で評価ができる可能性がある一方で，必ずしも求めたいデータが得られない可能性があることに注意が必要である。

②　パフォーマンスの評価

　教材の評価のため，生徒に課題を課して生徒のパフォーマンスを評価することもできる。例としては，生徒の知識や科学概念の捉え方を，文章，モデルを説明する図，コンセプトマップ，ポスターなどの形で説明させたり，学習内容や調べたことを口頭で説明させたり発表させること，実験の操作などを生徒に行わせ操作のスキルを評価することなどができる。

③　授業での教材の活用の評価

　授業で教材研究のねらいが達成されたかの評価の際には，ねらいの達成状況の評価に加えて，ねらいの達成が効率的であったか，効果的であったかなど教材の活用の評価も併せて行うことも重要である。授業で用いた教材は，短い時間で使うことができるか，多くの生徒に学習や体験の機会を提供することにつながるか，生徒の学習を蓄積し生徒が学習を振り返る際に有用となるかなど，学習の効率，機会，蓄積に関する教材の活用の評価も重要となる。

参考文献

畑中敏伸（2018）「初等理科の授業研究」大髙泉編『初等理科教育』ミネルヴァ書房.

文部科学省（2017）『中学校学習指導要領（平成29年告示）解説理科編』学校図書.

文部科学省（2018）『高等学校学習指導要領（平成30年告示）解説理科編 理数編』実教出版.

（畑中敏伸）

編著者・執筆者一覧

［編著者］

山本容子：筑波大学人間系准教授，博士（教育学）。

　著書：『環境倫理を育む環境教育と授業 − ディープ・エコロジーからのアプロー
チ − 』（風間書房, 2017），（共著）『理科教育基礎論研究』（協同出版, 2017 年）。

松浦拓也：広島大学大学院准教授，博士（教育学）。

　著書：（共著）『教師教育講座　第 15 巻　中等理科教育　改訂版』（協同出版,
2020 年），（共著）『たのしいベイズモデリング 2：事例で拓く研究のフロンティ
ア』（北大路書房, 2019 年）。

［執筆者］（50 音順）

　網本貴一　　（広島大学大学院准教授）

　石﨑友規　　（常磐大学准教授）

　泉　直志　　（鳥取大学准教授）

　磯﨑哲夫　　（広島大学大学院教授）

　稲田結美　　（日本体育大学教授）

　井上純一　　（広島大学附属中・高等学校教諭）

　内ノ倉真吾　（鹿児島大学准教授）

　梅田貴士　　（広島大学大学院准教授）

　雲財　寛　　（日本体育大学助教）

　遠藤優介　　（筑波大学助教）

　大鹿聖公　　（愛知教育大学教授）

　大嶌竜午　　（千葉大学助教）

　岡本英治　　（広島大学附属福山中・高等学校教諭）

　片平克弘　　（筑波大学特命教授）

　角屋重樹　　（日本体育大学教授）

　川崎弘作　　（岡山大学准教授）

　郡司賀透　　（静岡大学准教授）

　小林和雄　　（福井大学准教授）

　杉原茂男　　（中部学院大学特任教授）

　鈴木宏昭　　（山形大学准教授）

隅田　学　　（愛媛大学教授）

玉木昌知　　（広島県教育委員会指導主事）

富川　光　　（広島大学大学院准教授）

中村大輝　　（広島大学大学院生）

中村泰輔　　（茗溪学園中学校高等学校教諭）

畑中敏伸　　（東邦大学教授）

平野俊英　　（愛知教育大学教授）

平松敦史　　（広島大学附属中・高等学校教諭）

堀田晃毅　　（広島大学大学院生）

松原大輔　　（土浦日本大学中等教育学校副校長）

宮本直樹　　（茨城大学准教授）

三好美織　　（広島大学大学院准教授）

向　平和　　（愛媛大学准教授）

柳本高秀　　（北海道滝川高等学校教頭）

山下雅文　　（広島大学附属福山中・高等学校教諭）

山田真子　　（長崎大学助教）

山中真悟　　（福山市立大学講師）

吉冨健一　　（広島大学大学院准教授）

装幀：奈交サービス株式会社

新・教職課程演習　第20巻

中等理科教育

令和3年12月25日　第1刷発行

編著者　山本容子 ©
　　　　松浦拓也 ©
発行者　小貫輝雄
発行所　協同出版株式会社
　　　　〒101-0054　東京都千代田区神田錦町2-5
　　　　　　　　電話　03-3295-1341（営業）　03-3295-6291（編集）
　　　　　　　　振替 00190-4-94061
印刷所　協同出版・POD工場

ISBN978-4-319-00361-7

新・教職課程演習

広島大学監事 野上智行 編集顧問

筑波大学人間系教授 清水美憲／広島大学大学院教授 小山正孝 監修

筑波大学人間系教授 浜田博文・井田仁康／広島大学名誉教授 深澤広明・広島大学大学院教授 棚橋健治 副監修

全22巻 A5判

協同出版